有元正雄著

窪田次郎

美しき明治人

溪水社

窪田次郎の写真

窪田家の屋敷（金剛地）跡（昭和57年写し）。写真左側入口の左に、台座の上に立っている石が子息定氏によって建てられた窪田次郎の石碑（本文5～6頁参照）。写真右側の榎の大木の下に白壁の土蔵（右下拡大写真）があり、次郎筆記文書を含む窪田家文書が所蔵されていた（180頁参照）。

明治4年10月〜5年3月頃、上京中の写真（広島県立歴史博物館所蔵）。写真右から窪田次郎・坂田丈平・阪谷礼之介（本文35頁参照）。

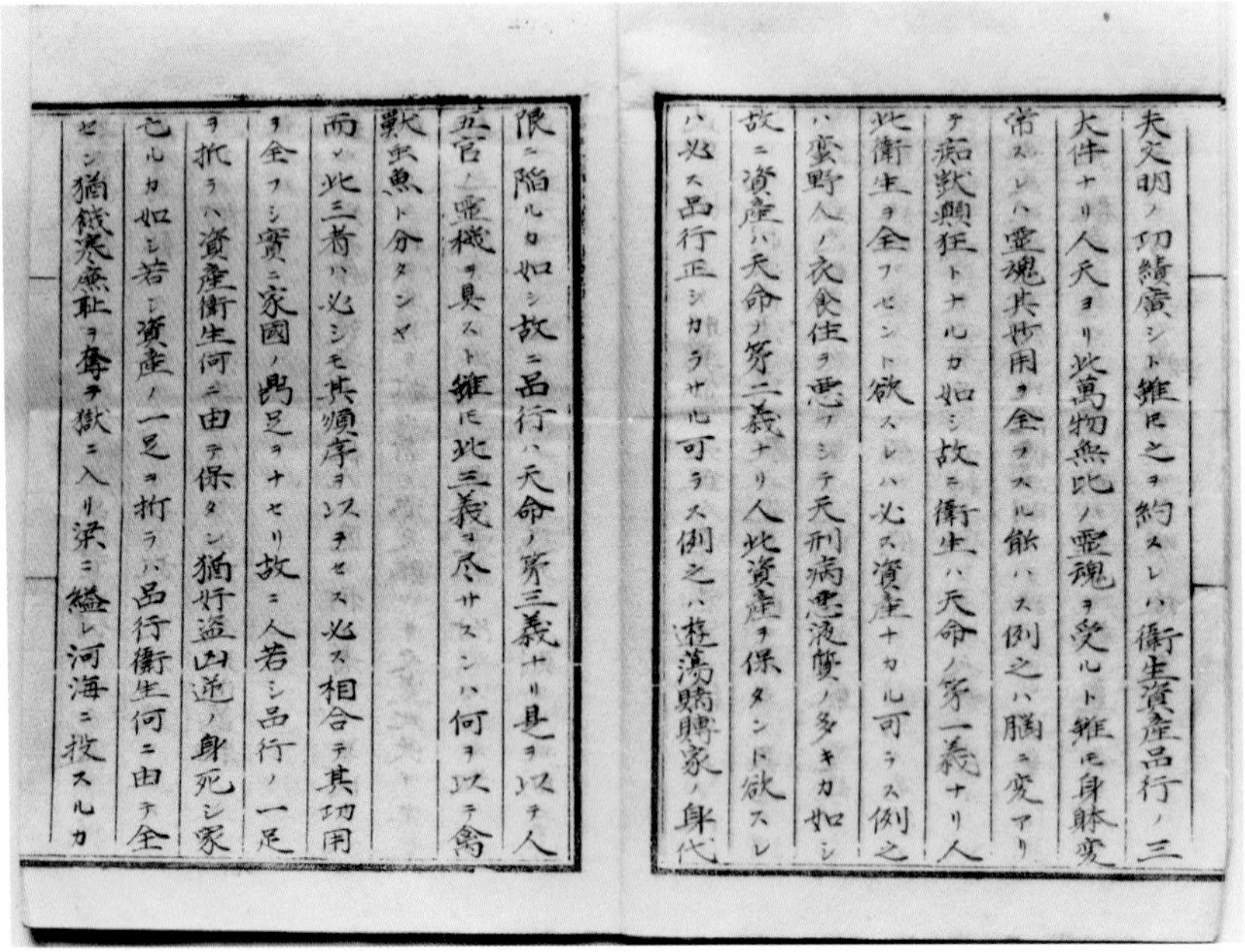
夫文明ノ功績廣シト雖トモ之ヲ約スレハ衛生資産品行ノ三大件ナリ人天ヨリ此萬物無比ノ霊魂ヲ受ルト雖トモ身体変常スレハ霊魂其作用ヲ全フスル能ハス例之ハ脳ニ変アリテ痴獣顚狂トナルカ如シ故ニ衛生ハ天命ノ第一義ナリ人此衛生ヲ全フセント欲スレハ必ス資産ナカル可ラス例之ハ蛮野人ノ衣食住ヲ悪フシテ天刑病患疫疾ノ多キカ如シ故ニ資産ハ天命ノ第二義ナリ人此資産ヲ保タント欲スレハ必ス品行正シカラサル可ラス例之ハ遊蕩賭博家ノ身代限ニ陥ルカ如シ故ニ品行ハ天命ノ第三義ナリ是ヲ以テ人五官ノ霊機ヲ具スト雖トモ此三義ヲ尽サスンハ何ヲ以テ禽獣虫魚ト分タンヤ

而シテ此三者ハ必シモ其順序ヲ以テセス必ス相合テ其功用ヲ全フシ實ニ家國ノ鼎足ヲナセリ故ニ人若シ品行ノ一足ヲ折ラハ資産衛生何ニ由テ保タン猶奸盗凶逆ノ身死シ家亡ルカ如シ若シ資産ノ一足ヲ折ラハ品行衛生何ニ由テ全セン猶餓莩廉耻ヲ奪テ獄ニ入リ梁ニ縊レ河海ニ投スルカ

窪田次郎自筆原稿。「文明の三大件」が初めて述べられた「望診発明宴会演説」(明治9年11月26日)の一部。これから一月後の12月25日に「奉天匡救の諸君に質す」として更に詳細に展開される(本文104～107頁参照)。

目次

窪田次郎　美しき明治人

はじめに

『黒い雨』等の力作を執筆し、近代文壇に巨大な足跡を残した井伏鱒二は、彼が四歳と二か月ばかり経ったときのことを、その『半世紀』の中に次のように記している。

私が子供のときからの記憶のうち、一等最初のものだと思われるのは次郎先生の葬式を見た記憶である。窪田さんのうちの太い幹の八重桜が満開で、大勢の人がその桜の下に立っていたのを覚えている。私は近所の七郎という人に背負ってもらっていたのも覚えている。先生は岡山の寓居で亡くなって、葬式は粟根でされたのだ。

ここに記された「次郎先生」とは、窪田次郎のことであり、「粟根」とは次郎と鱒二が生まれた備後国安那郡《やすなぐん》粟根村（現福山市加茂町粟根）である。

井伏鱒二の祖父民左衛門は、窪田次郎のよき理解者であり、同志であった。そして次郎が死去に際しては、遺言によって子息定の叔父である山成軒一郎に家政を一任するが、軒一郎は井伏民左衛門をも加えて「参謀」とし、家政整理を依頼している。井伏鱒二の父郁太は備中後月郡江原村（現井原市）に生まれ、民左衛門の長女ミヤと結婚した。しかし早生したので、鱒二は祖父の民左衛門に可愛がられ育ったという。井伏鱒二はその祖父から次郎の「栄達を度外」視した数々の活動と業績を聞いていたのであろう。

大正六年十九歳の時、森鴎外にあてた手紙のなかで、「小生等も毎年盆時には、其の墓に参拝いたし申し居り候」と、窪田次郎を尊敬していた様子を記している。

窪田次郎は天保期に備後国の天領（のち福山藩領）安那郡粟根村に生まれた洋医である。彼は明治二年（一八六九）版籍奉還が行われた頃から、藩庁に各種の建言を行う。その根本にある理念は独特の富国観にある。即ち富国とは、「政府に金穀の集り候ものにては決して之なく、国中皆富候を誠の富国と申す」として、農民への薄税を主張する。彼は藩庁に登用されて無任所の権大属となる。

明治三年（一八七〇）十二月、領民皆学を目指し、学校としての啓蒙所とその財団としての啓蒙社の設置を建言し、翌年一月以降領内に実施される。これは文部省の「学制」公布より一年半早いものであった。

また、彼の発案で明治四年（一八七一）三月には、自村の十軒に一人の代議人を選出し、村の重要問題を審議させるなどを行っている。この選挙では成人の男子有志が投票している。

廃藩置県後の明治五年（一八七二）九月には、小区会・大区会・県会・天朝下議院と、地方レベルの議会から中央議会まで連結した「下議員結構の議案」を小田県に提出し、全国での実施を要請する。これは板垣退助らが、明治七年（一八七四）一月に「民撰議院設立建白書」を提出し、ここから自由民権運動が起こるとされるより一年四か月先んじていた。

彼はまた当初彼が所属していた小田県管内から中途所管替えになる岡山県管内の三国、つまり備前・備中・備後の三国十一郡に二十余の医療・衛生結社を組織し、在来医師の再教育と地域衛生の前進を意図し、医師相互の知識・情報の交換と技能の向上等を図っている。

彼は幕末期から死去する明治三十五年（一九〇二）まで、富も名誉も求めることなく、地方民衆の教育・

啓蒙に尽くし、自主自立の独立精神の養成を図り、民権の組織と活動を行い、医療結社と病気治療に生涯を捧げたのである。

窪田は明治国家とは異質の路線を歩もうとし、そのために埋もれた思想家となった。しかし終生節操を変えることのない人であり、明治人として最も美しい面を代表する人物であったといえよう。

以下、時代の変遷の中に、窪田の私的な領域と、様々な人々との交流を通して展開される、公的あるいは半公的な社会的活動を総合し、窪田次郎の人間史をたどってみよう。

第一章　生まれた村・家と修学

一　生まれた村と家

窪田次郎の社会的活動を見る前に、次郎の生まれた村と家、及び次郎の修学の様子をみておこう。というのは、版籍奉還後に、堰を切ったように展開される次郎の各種活動に、彼の生まれ育った村と家の歴史、および修学の事情とが大きく係わっているからである。

窪田次郎は天保六年（一八三五）備後国安那郡粟根村に亮貞《あきさだ》二男（長男夭死）として生まれた。安那郡は水野氏時代には福山領であったが、水野氏改易後に、一八か村が福山領に、一〇か村は天領に分割された。粟根村は加茂川を境に東側が福山領に、西側が天領となり、嘉永六年（一八五三）に阿部正弘が一万石加増されたことにより、再び一村纏まって福山領となった。

窪田家は室町初期の暦応年間（一三三八）頃に、始祖窪田周防守豊寛が粟根村に住み、以来次郎まで一三代続いたとされる。窪田家は水野時代には粟根村一村の、分割後は天領である西側の庄屋をつとめた。そしていつの頃か不明であるが、少なくとも元禄頃以降から「代々医と言うに非らざるも村民の為漢薬施療を為」してきた。

窪田家にとって、今一つの大きな出来事は、京都に上り、法華宗妙顕寺と交渉し、その末寺として蓮長山妙永寺を創建したことであり、文禄二年（一五九三）には、寺田として一町七反二八歩、一九石二斗一升三合の土地を寄進している。これは、窪田家の経済力の大きさ示すもので、寛永十四年（一六三七）に窪田吉兵衛利寛は檀頭を勤めて、妙永寺創建の普請を完成させた。妙永寺の本堂奥には、応永・文明期窪田家の位牌が祀られている。

寛永十四年から二〇年後の明暦三年（一六五七）「やなみ帳　あわね村御改帳」によれば、本役（本百姓）三〇人、間脇六人、下人一〇人、隠居三人、寺二院の所持高がわかる。吉兵衛（下人二人を含む）の所持高二九石余と妙永寺に寄進された高を合計すれば、四八石三五となり村高の一割近くで、村内第一位である。なお、妙永寺（下人二人分を含む）は三五石八五五を持ち、窪田家寄進分より六石余り多く所持している。窪田家以外からも寄進されたものと思われる。

窪田家屋敷の入口に窪田次郎の記念碑がある。これはもともと、次郎によって結成された安那郡の医会循環社が建設計画を持っていたが実現せず、其の碑文を利用し次郎の子息定氏が昭和二十九年（一九五四）に妙永寺創建六〇〇年を記念し建立したものである。正面に碑文を記し、向かって左側に次のように記している。

南無妙法蓮華経　　日浄

妙永寺建立　　六〇〇年

昭和二十九年　　正当

妙永寺は文和四年（一三五五）大覚の開基で、葦原の城主周防守豊寛が菩提寺として創建したと伝えられる。これらの点よりみて、窪田家は粟根村移住後間もなく寺院を建立し（あるいは内仏を安置して信仰し）、それが近世に至り昇格し妙永寺という寺号を得たものと思われる。それは、戦国末〜近世初頭に地親《じおや》的土豪であった窪田家が、兵農分離・小農独立、および本末制度の公的な整備の進行等に対応したものと思われる。

なおこの石碑の背面には、「此石材は水野公より拝領の庭石なり」と記るされている。伝承によると、福山藩初代の藩主水野勝成は粟根村の西にある百谷村《ももたにむら》の姫谷焼の窯元への行き帰りに、窪田家に寄って休憩したとし、同家の庭は水野勝成の構築に成るものと言われている。窪田家は屋号を「金剛地」と称していたが、今も残る金剛地の屋敷跡の石垣は城の石垣のような大石で築かれ、水野勝成がしばしば休息した屋敷にふさわしい威容をしめしている。

その後正徳年間（一七一一〜一五）に至って、妙永寺は本山妙顕寺との間に「差縺れ」が起こり、窪田家はその処理に要した銀七九貫六四〇匁余を妙永寺のために全額支払ったとされる。正徳元年から五年に至る五か年間平均の大坂米価は石当たり九〇匁三分である。地方米価はこれより安いが、仮に大坂米価でみても八八〇石余りとなり、普通の農民が支払える額でないことは明らかである。しかしそれから二〇年ほど後の享保二十年（一七三五）窪田家は、なお三町四反八畝四歩・四七石一斗五升の反別・石高を所有している。

その窪田家が寛政（一七八九〜一八〇〇）頃から衰退してくるが、その理由は不明である。そして当主数衛に後継がなく、「絶家同様に及ぶ」事情をみて、文政四年（一八二一）親類の者たちが相談の上、親類の安那郡北山村嘉重郎の子息で、当時安那郡道上村横田祐甫につき漢方医学を学んでいた亮貞を養子契約させ、家名を相続させる。

しかし田畑も無い中で相続は難しく、親類中が同年十一月に申し合い「助情講」を組織する。この講は金子を出し合い、今までの借金を返済し、残った金を確実な者に預け、その利息をもって相続の助けとするものであった。

この時、世話人によって作成された帳簿には、備中後月郡簗瀬《やなせ》・与井・備後沼隈郡津之郷・安那郡神辺・常村・神村（二人）・神石郡上村・安芸加茂郡高屋の八村に住む九人が記名され、うち出金者は六人である。その内訳は銀一〇〇目四人、五〇目一人、二枚（九四匁）一人で、計七四四匁である。同年の大坂米価は石当たり五〇匁六歩であるので、一四石七斗相当となる。

後に見るように、次郎の父となる亮貞は、このように親戚からの援助を受けて養子となり、横田祐甫の下で勉強をつづけ、文政九年（一八二六）九月より同十年十一月まで長崎に行き、楢林栄哲に従いシーボルト邸にも通いオランダ医術を学び、なお、天保四年（一八三三）二月より五年九月まで京都に行き藤村泰助につき化学・植物学を学び、同年十一月粟根村に帰って医を開業するのである。

亮貞が帰村開業して一一年たった弘化二年（一八四五）十一月に、亮貞は再び親類・知人に頼み「家作普請」のために「趣法講」を企画してもらう。これは講人一三口、銀高三貫三〇〇目とし、一回掛け銀二五〇目を持参し、初回は亮貞に無鬮《むくじ》で渡す制度である。結局自村・近隣五か村一四人（二口は二人ずつ）で一三口が成立する。その内訳は粟根村五人・芦原村五人、百谷村二人、北山村一人、中野村一人、西中条村一人となっている。この趣法講は、北山村等の親戚もあろうが、近村で亮貞の診察・治療の範囲で有力者が協力したことと思われる。

初回は亮貞が銀三貫目を取得し、医師として来診者を受け入れる等に必要な家屋を建て増ししたのであろう。そして、亮貞は毎会三三〇目を出銀し、一七〇目を利銀に回し、一六〇目をもって講の賄い料としている。以後毎年三三〇目の計四貫二九〇目を支出することになる。しかし、当時の一般的な高利に比すれば格段の恩恵にあずかることである。

以後毎年講会で入札し、最高額を入札した者が、その金額を受け取り、その後は利金として毎年三三〇目を持参する仕組みである。入札は初期ほど低額で落とし、最後は満額で受領できるのである。二年目以後の利銀は講金の未受取人が分配し取得するのである。なお入札で講金を落とした者は、保証として田畑等を講の引き受け世話人宛てに質入れ（抵当物件でのちの書入にあたる）している。しかし一番口で講金を貰った亮貞は質物に入れる田畑等を持たなかったと思われ、講の引き受け世話人である芦原村友次郎が所有する田畑三反八畝余・高二石二斗七升余の質物を提供している。

このような、重なる親戚・隣人等の示した好意は、亮貞および亮貞の後を継いで医師となる次郎の心に深く極印され、近隣の村を含めた人々に医術を持って恩返しする観念を深く産み付けるのである。次郎の社会的活動は時代とともに多方面となり、対象地域も拡大するが、基本的立場は郷党・隣村への奉仕がその中心となっていたのである。

二　修学と就業

窪田次郎は天保六年（一八三五）四月二十四日、父亮貞と母孝（備中後月郡出部村山成久郎左衛門娘）の次男としてうまれる。長男・長女・次女は早世していた。次郎も少年時代の思い出として、体が弱く病気勝ちで、大きくなるまで母に負われたり抱かれたりしていたと述べている。そのような状態で、少年時代に教訓らしい教訓もうけず過ごしてき、満十三歳の秋、初めて親元を離れ、備中後月郡九名村の儒学者で次郎の二従兄弟にあたる阪谷朗盧の下に行き素読を受けると書いている。

阪谷朗盧は各地で勉学の後帰郷し、後月郡簗瀬村に桜渓塾《おうけいじゅく》をひらく。儒者にして開国論の学者として名声が高く、多くの門弟が学んだという。のちこの地が一橋領となり、嘉永六年（一八五三）井原に興譲館が設けられ、朗盧は初代館長となる。

次郎は謙遜家で桜渓塾での勉強を「素読相始め」と書いているが、ここでの期間は三年以上に及び、後の漢学・漢文の素養はここで培われたと思われる。朗盧は後の興譲館時代には、門弟たちに毎朝、朱子の「白鹿洞《はくろくどう》書院掲示」を唱えさせ、のち講釈に入ったという。これは桜渓塾時代でも同様であったと思われる。同掲示の三条目に「処事の要」として「其義を正し其利を謀らず、其道を明らかにし其功を計らず」とある。次郎の生涯をみるとき、この項目は彼の生き方の背骨をなしているように思われるのである。次郎は後に見るように朱子学に批判的な面をも持つが、終生朗盧に対しては恩師として尊敬しておりこの時代の感化が大きかったと思われる。

次郎はその後嘉永五年（一八五二）頃から福山藩の儒者江木鰐水《がくすい》の久敬社に入門する。朗盧と鰐水は友人で朗盧の紹介によるものと思われる。鰐水は儒学の他に兵学・経済等に関心を持っていた。次郎は「少時儒を学び兵を学び治民の方略に歳月を徒費し」とか、「力を民事に尽くすは則ち僕の素志なり」と記している。彼が民事に関心を持ったのは鰐水の感化によるものと思われる。久敬社時代次郎はいくつかの漢文の文稿を書いている。中国の古典等に題材を求めた史論や、学友の送別文であり、鰐水の朱批が記されている。

その後嘉永六年（一八五三）二月より大坂に出て、緒方郁蔵に学ぶ。郁蔵は江戸で蘭学者坪井信道に蘭学・蘭医学を学んだ人で、信道は緒方洪庵の師であった。洪庵が大坂で適塾を開くと郁蔵は馳せ参じ、さらに蘭学・蘭医学を学び、のち洪庵の片腕として補佐し、洪庵と兄弟の契りを結び、開業後は洪庵の北緒方に対し、南緒方と呼ばれた。

ついで安政二年（一八五五）二月より京都の赤澤寛輔に従っている。寛輔は京都において種痘所を設けた有信堂の有力メンバーであって、次郎の父亮貞がかつて長崎で学んだ楢林栄哲の長男栄建が京都に移り、有信堂設立に尽力した人であったので、その関係等によったものと思われる。赤澤寛輔のもとで、次郎はオランダ語も勉強したようで、当時のオランダ語の単語帳（熟語をふくむ）を残している。木版摺一頁分二一行の横罫線の入った用紙をＡＢＣ順に綴じ、毛筆で行の左に単語（熟語）を横書きし、その右に訳語を縦書きにしている。各単語（熟語）の書き始めの所に記憶の為かいくつかの記号を付けている。次郎はまた最初の頁を開いた所に、跋文にあたる文章を漢文で記しているが、その大意は次のようである。

安政四年丁巳《ひのとみ》の暮春に、赤澤先生が数十人の門弟を東山の春雲楼に集められた。時は桜花の盛りであり、集まった門弟たちも桜に劣らない桜李（賢士）たちであった。昔中国の晋で名士が多数会稽山に集まり、蘭亭会が催され、詩を賦したが、この会でも立派な詩が賞揚された。また謝霊運という人が会稽山に木の履物を履いて登ったように、奇抜なことも行われた。そして、蘭亭会で曲水に觴《さかずき》を流し、美しい花や月を見る宴を行ったことを、羨むに当たらないほどの会であった。

（漢の武帝は「秋風辞」で「歓楽極まって哀情多し」と言っているが、）私はこの集会で、興は極まったが、哀情に浸ることはなかった。そこで筆をとって、この書物を写している。これこそ正に無窮の楽しみである。

学問に励む若き窪田次郎の姿勢が垣間見られるのである。

次郎はさらに、安政五年（一八五八）三月より文久元年（一八六一）六月までの三年三か月間、播磨国加東郡木梨村に行き、緒方洪庵の高弟である村上代三郎に入門し、蘭学および蘭医学の勉強をしている。これも次郎の師緒方郁蔵と村上代三郎が同門である縁によって入門したものと思われる。村上代三郎は洪庵のもとで九年間蘭学・蘭医学を学び、のち江戸で伊東玄朴の門に入り三年学び、のち江川太郎左衛門と交わり兵学を深めた。これにより一時幕府に仕え、講武所で教授として西洋兵学の指導をしていた。しかし眼病にかかり辞して故郷に帰り、家塾を開き蘭学・蘭医学を教え、医を開業している。彼の下には江藤新平・沼田新八・柴六郎・新宮涼閣らも入門していた。

村上代三郎は明治四年（一八七一）兵庫県知事伊藤博文が来宅し、任官を要請するが、これを受けなかった。次郎もこの師を「播磨の隠士村上代三郎」と記している。しかしその門下の江藤新平が司法卿になり、窪田も藩政末期に民政論を建言して、福山藩権大属となるなど、村上塾に政治に関心を持つような雰囲気があったのかも知れない。

なお、次郎が大坂に出て、医学の勉強を始めた頃、弟の堅造も阪谷朗盧に師事しており、次郎は学資に乏しく、「よって按摩を以て不足を補わんと欲す、是余が按摩術の始めなり」と記している。おそらくこの頃、次郎は弟堅造の修学につき弟と共に関東に下り、下総の佐藤泰然・佐藤尚中等の指導を受けたと思われるが詳細は不明である。弟堅造は、朗盧―坂田丈平が館長を勤める井原興譲館で学んだのち、文久三年（一八六三）次郎が帰郷した年に下総の佐藤舜海の門に入り医学を研修する。そして明治三年（一八七〇）医学校が大学東校（東大医学部の前身）と改称されると、堅造は大学東校に入学する。父亮貞と次郎は本格的な西洋医学の研修を堅造に期待するのである。

さて、村上代三郎の家塾で西洋医学を学んでいた窪田次郎は、文久三年（一八六三）四月父亮貞の要請によって帰村する。時に二十八歳であった。後年、次郎が藩庁に出した一文に次のように記している。

愚父追々老衰に赴き、近隣の治療も不行届きに相成り候につき、折角相始め候蘭学も廃絶帰村仕り、未熟の業をもって愚父の志を継ぎ今日に至り候

それから約五年後の慶応三年（一八六七）正月に父の亮貞は隠居している。おそらく亮貞の気持ちとしては、近隣九か村に医師はなく、様々な患者を抱えており、その患者一人一人の病状と治療方法を次郎に正しく伝え、取得させる期間として五年間の歳月を充てていたのであろう。次郎はまたこの五年間に父の医術と経験を学んだのであろう。

次郎が帰村して三年目の元治二年（一八六五）の記録には、年頭の挨拶に来た人々が控えられているが、その数は村内一〇九人、村外一四四人に及んでいる。これは次郎が父の跡を引き継ぎ、村医師に徹した姿に粟根村民も近隣村民も感謝の気持を持っていた表れであろう。そして恐らく、慶応二年頃に、次郎は備中後月郡日里村坂田治平の娘次《つぎ》と結婚したと思われる。次は阪谷朗盧の甥にあたる人の娘である。次郎は三十～三十一歳頃で勉学のため晩婚となり、妻次は十歳年下である。父亮貞はこの様な状況の上で隠居したものと思われる。

そして明治二年（一八六九）には、共に六十歳代後半に達している父母にたいする、次郎の孝義が上聞に達し、褒賞を賜り御盃を頂いたと記している。しかし、彼の村医としての生活は、すべての面で順調とは言えなかった。慶応三年に長男林太郎が誕生したが、満二歳になる前の明治二年九月に病死している。次郎は「林太郎容体書」を記しているが、それには遂に一命を取り留めることが出来なかった、父であり医者である次郎の無念さが読み取れるのである。

ともあれ、明治二～三年頃から、窪田次郎の広範な社会的活動が堰を切ったように展開されるが、それらは凡て、孜々として農業に励む地方の民衆と繋がっている。そして彼の諸活動の基礎となる民衆認識が、この時代のどの思想家たちよりも正確でリアルであるのは、広範囲な地域民衆への医療行為を通して、彼らの生産と生活の実態を余すところなく把握していたことより齎されたものといえよう。

第二章　藩政末期の活動

一　民政についての建言

明治二年六月の版籍奉還後、福山藩は藩政改革を実行する機構として、知事・大参事等が政治の基本方針を討議する政治堂を置き、その下に祭典・刑法・民事・会計・軍事の五局（のち掛と改称）が置かれた。

窪田次郎は明治三年（一八七〇）三月に、己が執筆し安那郡箱田村庄屋細川貫一郎と連名で「郡令に奉る書」（叱正《しっせい》）を提出している。郡令は民事局に属する権大属小田新八と思われる。細川貫一郎は窪田家の菩提寺妙永寺の檀家であり、次郎とは旧知の仲であったであろう。彼は榎本武揚の従兄で、武揚の父細川園兵衛が、弟平四郎に家督を譲って江戸に出、伊能忠敬の下で研鑽し、のち旗本の榎本家を相続したのである。

「郡令に奉る書」は漢文四千字に及ぶ長文で、論旨は多義にわたるが、その要点は次のようである。

（イ）維新創業の際に、民心を一新するために租税の軽減を提唱する。そして、その具体的な例として農民の屋敷を取り上げ、屋敷は穀物を生じないが、石盛があり租税を納めているが、これを停止せよと。即ち、居屋の地一畝、米麦を乾燥させる庭地一畝、貢物を蓄え牛馬を飼育する地一畝の、都合三畝を全農民に給付し、運上のみを納める。

(ロ)そして一般的に「農に賦するに薄くするにしくはなし」とすることが、富国強兵に連なるという。即ち、「古語に言うに、百姓が足れば君主も足り、百姓が不足すれば、君主も不足する。」だから富国強兵を望むならば、農に課税するに薄くする意外にないと。

(ハ)財政節減に務めても、なお不足する場合は、工商の課税を増せばよい。農民の作る穀物は長い時間を必要とし、しかも一人の力を以ってなるが、一人の力には限りがある。工商は何百人分もの機械を用い、商品を製作する。その上外国と交易し富を持つことができる。だから外夷たちは農民への課税を薄くしている。しかし彼らは、農民への課税を薄くして農民に余りがあり(国内市場の広大さ)、工商に厚く賦するが工商も困窮せず、富国強兵の国となっている。

窪田の言わんとすることは、農に薄税(国内市場広大)―工商繁栄―富国の実現である。彼は同時期の別の建白書でも「ちなみに外国租税の事も相尋候に、西洋諸国税額甚だ多しといえども、地税はいったて薄く」と的確に指摘している。

窪田はこの提案を、福山藩の政治堂と、公議局と称する議院で議論し、これを可とすれば天朝(中央政府)の集議院に奏請し、全国で実施されることを期待している。なお窪田はこの提言によって、その該博な知識と時宜を得た提案が藩庁に認められ、彼自身の知識と持論を藩政に活用するため、どの掛にも属さない、いわば無任所の権大属となり、藩庁顧問として年俸二二石五斗を給されるのである。

窪田はまた、明治四年(一八七一)に雑税・冥加金の廃止と輸出入税および船舶税を附課することを建言している。当該雑税は「年月を経るに従い当時有名無実」とか、「不条理」のものとなっており廃止を要求している。冥加金・礼金の類は、福山・鞆津で特権的な「問屋或は商内座」と唱えて礼金・冥加金を徴収しているもので、「人民自由を得ず」とし、経済活動を抑制しているものとみる。これらを廃止しその代わりに輸出入税を設けるとする。

輸出品税は生活必需品に高く、必要度の減少に応じて安くし、反対に輸入品税は必要度の大きい品物を安くし、更に最必要品は無税としている。窪田は「異邦の租税法」について得た知識から、必要品＝勧奨、不必要品＝禁止の二分法により、前者に軽く、後者に重くする方法をとったのである。また管内船については、積み高一〇〇石当たり金一両を徴収するよう建言している。明治四年二月十四・十五日と窪田は藩庁での多忙な様子を記した手紙を細川貫一郎に送り、その中で次のように言っている。

殊に所謂富国と申すものは、政府に金穀の集候ものにては決して之なく、国中皆富候を誠の富国と申、其の次（訳か）は政府は貧乏にても下民一統富候ものなり

窪田はまた明治三年三月に「乞食の処遇」についての建言書を提出している。彼はまず乞食の日常につきいう。

田植草取の忙しさも木陰に涼みて見物し、麦植上納の苦労も無く、虱をひねりて小春の愛日に眠り、遂に其の日送りの極楽世界へ落ち込み候て、再び民間の地獄へは浮かび出申さず

その故にまたいう。

人は万物の霊とも申し候に、人の形を受けて人の道を行わず、人の益を考えず、教化に背き、風俗を乱り、只他人の膏血を吸いて農工商の外に横行仕り候乞食と申す大悪虫

彼は日本と支那（中国）は、「乞食に富候国」とし、その処遇策を次のようにいう。

（イ）まず期限を定めて乞食に施しすることを厳禁し、彼らをその生国に帰させる。そして一村限りで趣法を立てさせる。
（ロ）次に今まで其の村一年間に、乞食に施物していた食と衣料等の荒高を見積もり、それを米・麦の収穫の中から控除し、「彼ら養育の資本」とする。
（ハ）「一か村一か所の乞食小屋を設け」、壮健の者には竜吐水を使って消火の訓練をさせさらに村内の夜警に当たらせる等「その他村々相応の役目をも申付け」、または身体の状況に応じた仕事をさせよ。
（ニ）その際、彼らには「其の要只これを御するに厳を以ってして、残虐を加うべからず、之を導くに勇を以ってして姑息の愛を施すべからず、是真の大仁」と、その心得をのべる。

彼はこれをまず管内に施し、成果が上がれば天朝へ伝達することを要請している。そして、「試みの為村方の者どもに委しく申し聞かせ候所、一同早速承服仕り、その上御制禁は御座無くとも、粟根村の儀は先ず申し合いを以って右の趣法に取り掛かり、其の趣意を認め村境に相立申度」として、許可をもとめている。

彼はこれと併せて博打を事とし「乞食とは又数等（異なる）天地の大罪人なる者往往にこれあり、これ等も亦少しは目を覚まし、以来人たる者一日も無業無功にては相立申さざる者と」自覚させるために趣法・貧院の取り立てをのべている。

窪田は明治八年（一八七五）に至って往時を懐古して次のように記している。

旧大参事岡田創《はじめ》（吉顕）の大量に感じ管内の劇場を減じ、城下の遊女を追い立て重ねて博徒遊民を督せんと欲して殆んど家屋を焼かれんとし、又旧大参事岡田創に依頼して乞食を禁ずるの策を献じて殆

んど乞食に撃ち殺されんとし、

窪田は農民の納める租税の軽減を図って、民富の形成を期し、以って富国を実現しようとする。その為にはそれを担う国民の一人一人が主体となり己の職業に忠実勤勉であることが、必要不可欠の条件であることを承知していたのである。

二　医院二等教授の辞任

福山藩は明治二年九月、福山西町に医学校兼病院を開設した。これは中央政府が東京に英医ウイリスを教師として医学校兼病院を、また大坂に蘭医ボードインを教師として医学所を設立したのに触発されたものである。この医学校兼病院の長は寺地強平（一八〇九～七五）が任命された。強平は福山藩士で初め漢方医を学び、更に京都・長崎・江戸（坪井信道門下）で蘭医学を勉強した人物である。この院長の下に八人の洋医が生徒の教育と患者の治療に当たるのである。

明治三年八月（七日と推定）窪田は藩より同医院二等教授兼医院薬局司に任命された。ところが、同月十九日付けで三四〇〇字に上る長文の辞職願を書き提出する。その要点は次のようである。

（イ）私の家は曽祖父・祖父の時代に零落し、最後は「僅かに屋敷のみに相成、漸く小屋掛にて当日を送る」状態で、父は自村や近隣村々の世話を受けて「千辛万苦漸く医業を相始る」にいたった。そして更に「貧医には過分の家宅まで一切世話」して貰った。父は常々その恩に報いたいとし、息子の自分に医業を継がせることにより、「近隣更に医師なき場所」での報恩になると考えている。
（ロ）私は「業の未熟は恐れ入り候得共、是まで遠路山谷の分けも御座無く、病躯を以って成る丈歩行仕り、病症に応じ候治療と心付き候事は、薬価の高下を顧みず患者の貧富を尋ねず断然仕り居り候事、実に是のみは天地に対し候ても恥じずと恐れながら存じ居り候」
（ハ）父は今年六十九歳、母は六十五歳で共に老衰し、病気勝ちである。また医師は自村及び近隣「九か村にて只私一人」であり、父母に孝養を尽くし「近隣の報恩を尽くし、窮民の病苦を救い」たく思っているが、病院教授として城下に移ればそれらは不可能で、村方に残り「報恩のために尽力奔命仕りたい。
（ニ）私は「蘭学は只一両年にて廃学仕り候故（中略）決して教授等の任には相当り申さず」。幸い「下加茂村医師、当時藤江村に居住仕り居り候平川良坪儀」は、「蘭学は数等進歩」しており「人となりも篤実温厚才気も相兼ねており」、「猶御聴正の上何とぞ同人へ仰付けられたく」と、平川氏を推薦している。

窪田の辞職願に呼応して、粟根村からも藩の民事御役所宛てに、村方へ引留め嘆願書が提出される。それは粟根村百姓惣代二人が署名したものに、当村組頭（井伏）永助（民左衛門の父）と庄屋（藤井）平太が奥書している。その文の大意は次のようである。

窪田次郎は「村方は申すに及ばず近き村々まで軽々駆け回り、貴賤貧富に拘わらず誠実に治療いたし呉」れるが、窪田が医院二等教授兼薬局司として御城下に引越しては、今後それが出来なくなる。よって辞職を許し村方に止まれるようにと嘆願している。

窪田の辞職願（草稿）の末尾には「付記」として次の記事がある。

八月十八日福山弘宗寺に宿し、平川・三宅・佐澤へ至り別れを告ぐ、明十九日四つ半頃医長寺地氏へ行、右嘆願書を差し出す、晩江木先生弘宗寺にて夜半迄説諭二十日午後寺地先生来たり濱野少参事の伝言を通す、帰村を免ずるを以って夜に入り藤井平太と共に帰村す、

十八日平川良坪・三宅俊二・佐澤太郎の家に行き、辞職の事をつたえ、翌十九日病院長寺地強平に辞職願を提出している。其の晩恩師江木鰐水が弘宗寺に来て、夜半まで説諭し窪田に慰留を促している。そして二十日に至って辞職の許可が下り、村民の嘆願書を提出した庄屋藤井平太と帰村している。帰路にて作ったのであろうか、次の歌が添えられている。

野に置て見れは美しげんげ花（蓮華草の花）
吹くや尽さん夜嵐の音

ここまでは、窪田次郎の辞職願および村民の嘆願書提出を、粟根村及び近村が医師不在と成ることを避け、医療を継続するという論理でみてきた。しかしいま一つ別な要因を上げる史料がある。

それは窪田が辞職後に自分の後任として推薦し、また辞表提出の前日に自宅に赴き「別れを告」た平川良坪の談である。平川良坪の子息武三郎は後年に至り、「父良坪翁より同氏（窪田次郎）に関する話を聞いたままを武三郎の『我楽苦多日記』に書きつけておいた」というものである。

寺地強平（号舟里）先生の甥でその本家にあたる寺地五左衛門氏がこの人に反対で、そのために窪田は藩に用いられなんだ。

私（良坪）にも来ぬかと云うて勧められたが、寺地との関係がある上に又自分は東京で修業した関係から医者の方では別段交際しなかった。

なおちなみに、良坪の祖父の妹が窪田家（金剛地）に嫁いでいる。次郎の父と母は両養子であり、直接の血の繋がりはないが、平川家と窪田家は親戚である。そういう事情で両家は「特別懇意にし（良坪の）父はいつも次郎・次郎と云って窪田を呼んでおられた」と。

文中の窪田が「藩に用いられなんだ」という言葉に該当するのは、この教授・薬局司辞任事件以外には考えられない。そして平川良坪が推測や作り話を子息に語ったとも思えない。

藩政末期の福山藩庁には、かなりの農民や町人身分の者が、登用されていた。しかし窪田次郎は権大属でこれ等の民間登用者の中では最も高い地位にある。そして細川寛一郎宛ての手紙に述べているように、大参事（岡田吉顕）・山権少参事（山岡運八）・津権少参事（津川右弓）等に、「卑見を演べ」諸改革を積極的に進めるような地位にあることを、快く思わない士族守旧派が存在していたのではなかろうか。

このように考えれば、先に見た「付記」の中の歌における「夜嵐の音」の一語が重い意味をもってくる。もしこの平川良坪談が正しいとすれば、窪田次郎は庄屋藤井平太と組んで大芝居を打ったことになる。

いずれにしても、窪田は異常なほど丁重に、長文をもって、そして寺地反対説など噯《おくび》にも出さず、医師不在村医療の論理で辞職願を書いている。のちに見るが、窪田は明治九年（一八七六）六月に新管轄の広島県より公立医学校設立協議のための出頭を命ぜられる。その為七月二日尾道まで出向いたが発熱のため帰村したとして、「当病上申」を提出している。その簡単な文章とは雲泥の差がある。

藩政下で藩の任命を農民（医者）身分が断わることの難しさを考慮しても、これは余りにも丁重に感ぜられる。窪田は病院教授を断ることが、窪田に対する藩の信頼を失うことを心配し、渾身の誠意を示しているように思われる。それは何故か。恐らく当時窪田が構想し、一～二か月後には藩庁首脳部と折衝を始める啓蒙社・啓蒙所設立のためであったと考えられる。この庶民皆学の組織を全藩内に推進するためには、福山藩の行政機構を通して、町・村での組織を創出して行く以外にはなく、その為には藩中枢部の信用は不可欠であったのである。

なお、窪田辞任の件は、上記推測のように進み、次郎の子息定氏が作成した「窪田次郎履歴書」には、「辞任後は医官の取り扱いを以って時々医院に出仕を命ぜられた」とある。

なお、窪田次郎が教授・薬局司を辞任したことについて、いま一つの誤解がある。それは井伏鱒二が大正六年（一九一七）森鴎外に宛てた手紙に記されている。

正弘公病気の時地方医窪田老先生―窪田二郎氏にして其の家は阪谷芳郎博士の親類にこれあり候―をめし抱えんとせしも先生は農民を救わん目的にして確く其の栄達を度外に置き、辞され申し候、と小生の祖父申し居り候、小生等も毎年盆時には其の墓に参拝いたし申し居り候

阿部正弘は安政四年（一八五七）春頃より腹痛に悩まされ、閏五月九日老中として出仕出来ず病床にたおれた。病状は腹中右方に塊を生じていたという。そして七月十七日に死去した。

安政四年は窪田次郎が京都の赤澤寛輔の下に移って二年目であり、その後播磨の村上塾を経、文久二年六月に郷里に帰って、父亮貞の跡を受け医業を継ぐより五年前である。「正弘公病気の時地方医窪田老先生―窪田二郎氏―をめし抱えんと」することは時期的にありえない。

恐らく幼少であった井伏鱒二に祖父の民左衛門が、阿部正弘の優れた政治家であったことと、窪田次郎が藩命により福山医学校教授に任命されたが、医師不在の粟根村と近村農民を救わんとして辞退したこととが、どこかで混線したのであろう。

なお、窪田は明治四年頃「医学教場取立願奉り候事」なる稿文を残している。要旨は近代的医学を勉強しておらず「因順みだりに医生と称し薬物を取り扱」っている医者たちの再教育機関を設けるというものである。そこで彼は、「管内同業の者一同治療の過失を減じ、後進成熟の医師出来まで聊か患者の意を（安んじ）候具に相成るべく」という。後にみるように、窪田の医療結社や研究会組織の趣旨は、近代医学教育を受けた医師の登場するまでの繋ぎとして、「旧態医師」の再教育を行うことであり、彼は生涯このことに尽力するのである。

三　啓蒙所の設立

福山藩は明治二年以来、学制を改革し、庶民にも誠之館において教育を受けさせる処置をとってきたが、十分な効果は上がっていなかった。窪田はこの学制改革の精神を広く管内一般に普及させようとして、藩庁に建言したが取り上げられず、なおも「苦心講究」のうえ建言した。その取り扱いは次のようであった。

校務係大属横山光一、一等教授佐澤太郎等大いに其の儀を賛成し、明治四年一月校務係少属杉山新十郎、建議者窪田次郎等発起人となり、誠之館に於いて始めて会議を開き、地方有志者を会合し周旋方の任を託し実施の方法に直ちに着手する。

こうして四年一月「啓蒙社大意・啓蒙所大意並規則」が印刷され、領内に配布される。そして校務係杉山少属が啓蒙所担当者となり、領内から五四人の啓蒙社周旋人が選ばれ、全体の合議で運営する仕組みとなる。なお周旋人はいずれも地方名望家であり、また教育に熱心な人達であると考えられる。

啓蒙社大意は次のようにいう。

今般上意を奉じ御管内に啓蒙社を結び町々村々其の地形人家の便に従い一か所ずつ啓蒙師匠を立て之を啓蒙所と名づけ、士農工商貧富を分かたず男女七歳以上十歳に至るまで尽く此の啓蒙所に入れ、容儀を習わせ文字算数を教え其の才知を実地に培養せば、人々皇化御藩政の有り難きことを知り、

窪田は人間の発育に応じた適切な教導につき次のように言う。

凡て児女五六歳までは只人真似を以って遊びと為す、此の時未だ政教を以って其の発生の才気を束縛すべからず、只よき風儀所業を見習はせ従容緩徐自然の習い性となり、然る後之に加うるに教えを以ってし之に重ぬるに日に新たに月に正しき御政体を以ってし、信賞必罰以って其の怠りを鼓舞遊ばされなば、

そして啓蒙社の意義を次のようにしるす。

ここに志有る人々或いは古着一枚を売り或いは寝酒一勺を減じ、或いは肴一切れを始末し又は蒟蒻一枚割り木一本日々余分に働き互いに助力を賜らば、之を集めて民児教育の料と為さん、

また、周旋方の会議形式などを定め、啓蒙所設立・運営の経費見積もりと拠出方法につき次のように記

表二一一　啓蒙所のカリキュラム

科目 等級	手　　習	素　　読	算
初　段	平仮名　かた仮名　数字　受取	明倫撮要（初篇） 歴朝一覧	九々　割声 但暗記
中　段	人名頭　福山管内地理略　手形證文の文	告諭大意　生産道案内 明倫撮要（後篇）	寄せ算
上　段	皇国地理略　男女用文章　下札　商売往来 月令往来	世界国尽　万国歴史 窮理図解　養生論	八算 見一

している。

（イ）一か村入費五石ずつ、概ね三〇口とする（一口約米一斗七升程度）

（ロ）領内村数一六〇か村、米五石として計八〇〇石、この口数四、八〇〇口

（ハ）啓蒙所は追々造営、当分其の土地の寺院又は庵室等を利用

次に、児童の指導についての具体的な方法として、初・中・上の三段階を設け、それに応じて、表のように手習・素読・算の三つに分類できるカリキュラムが設定される。見られるように、一般的な寺子屋教育における、読み・書き・算盤のレベルを越え、実用的なものの他に、日本・世界の地理・歴史、理科、道徳等に至るまで、かなり高いレベルの国民教育が意図されているといえよう。

そして各段階を勉強したものは考試によって、上級に進むことになっていた。また啓蒙所は月謝不要であり、貧窮によって書物・算盤等を持つことの出来ないものには、誠之館―啓蒙所―児童のルートで貸し渡されるようになっていた。

明治三年十月の藩による学制改革によって、深津郡深津村石井

英太郎は、村内長尾寺に郷校翠松館を設置し、四書五経や歴史・習字を習わせていたが、これを改組して、四年二月五日啓蒙所第一号が誕生した。

そして、「其れより日に月に各村開業の盛況を見、次郎の予期せしが如く教育漸く普及するに至れり」といわれ、沼隈郡だけでも同年中に一五村に設立された。

なお、深津村では村民一〇三人が啓蒙社に参加し、石井の一五口をはじめとし、複数人で一口もあり計八七口を出資している。また沼隈郡山手村では庄屋の三谷氏が一〇口をだし、計六七人で五〇口を出資している。これらの村は富村・大村であるとしても、一村三〇口の目標をこえている。こうして村民の協力の下に設立が進められるのである。

啓蒙所発足一年後には、管内村数の半数近い七〇か村に設立され、児童二、七六五人を数えるに至る。そして小田県設置後は、啓蒙所は備中地方にも普及し、明治五年（一八七二）八月の「学制」発布時、八三か所、児童数五、〇九五人、貯蓄積立金三四、四六三円となる。小田県は政府の発した「学制」に呼応し、「今より啓蒙所を直ちに小学校と見なし、（中略）比隣の先鞭と為さざるべからず」と布達する。こうして備中北部吉備高原地域の『学校沿革誌』にも「本校は啓蒙所より発す」と書かれている。

以下は、啓蒙所の担当者杉山新十郎が、大正十二年（一九二三）に『福山学生会雑誌』に掲載した「啓蒙社啓蒙所の由来」に、興味ある記事を載せているので、これによってみよう。啓蒙所の設立は、いくつかの予想内、または予想外の問題を起こし、それへの対応が必要であった。

（イ）寺子屋・漢学の私塾に対する問題。啓蒙所の設立と隆盛に対し、従来の寺子屋師匠や漢学師匠の妨害が起こった。寺子屋師匠には説諭し一定の講習等を課して、啓蒙所の教員または助教とし、私塾師匠も説諭等に応じて私塾を啓蒙所に変え中には付近の模範となる者も現れた。
（ロ）貧困者子弟の就学難。貧困者の子弟も修学を望むが、父兄は彼らを子守・丁稚奉公等に出すため、官吏村役人の説諭を避ける傾向をしめした。そこで「各自其の寺院の和尚の力を借りることとせり、蓋し民間の習慣和尚の一言は信仰上官府の法令よりも尚能く尊重し又能く服従す」と、その際、窪田の記した「啓蒙社大意」や福沢諭吉著『学問のすすめ』等を説法同様に説き聞かせ効果を上げたという。
（ハ）富者子弟の圧迫を除く。「啓蒙社周旋方規則」の第九則には、「啓蒙所創業の者は真像を写し学校並びに夫々啓蒙所へ掲示し、其の功徳を永世伝うべき事」と記している。しかしこうした問題は弊害を生んだ。その様子は次のようであった。

富者の子弟は其の父兄の寄付金の多きを誇り、細民の子弟を圧迫するの弊を生ぜり、依って（中略）父兄を厳重に警戒し若し再びする者有らば用捨なく父兄を相当処分することとして、其の弊害を根絶せり。

（ニ）被差別部落の子弟教育。同一区域内の子弟は区別なく、其の啓蒙所に通学するのが原則であったが、父兄・一部教師の反対があり、被差別部落の児童も、児童間の差別を嫌って授業に就くのを欲しない等の問題があった。「依って止むなく地勢上通学の不便を名とし、備後の木の庄村備中の小田村に限り支校として其の部落内に開業せしむ、幸いに教員其の人を得、僅々一か年ばかりにして、却って本校よりは好成績をあぐるに至れり、木の庄村教員藤井塵外は頗る熱心家なりき」。
（ホ）教員の養成。啓蒙所は教員を得るのが難しく、開業出来ない場合があった。そこで四年十一月に笠岡遍正院に仮設の養成所を、同年十二月に後月郡江原村の興譲館内に師範学校（のち福山誠之館内にうつす）を設け教員養成に当った。

（へ）『学問のすすめ』印行の失敗。先の（ロ）で述べた就学促進のための説法題材として選んだ福沢諭吉著『学問のすすめ』を無断で出版し、福沢の激怒を買った。このことは福山側に版権についての理解がなかったものと思われる。ところで小田県学校課長杉山新十郎が上京した際、福沢に面会し事情を陳弁したが、承諾が得られなかった。しかし時を移して話している内に「毫末も私利に渉らざる事」を理解し、明治五年（一八七二）九月、福沢は同書の「小田県管内福山学校活字を以って三百部限り摺立て」を許可し、別に同書百部を寄贈したという。

以上のような福山藩―小田県の事業に対して、各地で注目され明治四年三月、いち早く岡山藩より西毅一（藩の外交応接方）・中川横太郎が視察に訪れたのを初めとし、同年中に、姫路（翌年一月にも再訪）・松江・高松・広島の各藩・青森県等が訪れ、その後も続いている。そして五年六月上京した杉山は文部省に啓蒙社事業の大要を示し、長（三州）文部大丞も「次郎の卓見に感心」している。

そして明治六年（一八七三）八月、長文部大丞・松岡二等属が来県し、杉山課長の案内にて福山付近の四～五校を巡視し、鞆津において「啓蒙所には文部省も聊か先手を打たれたる感あり」と語ったという。

なお杉山は「啓蒙所創業以来の功労者」として、石井英太郎や藤井塵外ら八名を上げ、論文の最後を「其の立案者たる窪田次郎の勳績は教育史上永遠に特筆大書すべきものなりと信ず」として文を結んでいる。しかし福山藩学事監督―小田県学校課長杉山新十郎の名は無い。しかし彼こそ次郎の立案を行政面から推進し、幾多の困難を解決し、其の内容を充実発展させた人であり、先の八名に先んじて上げられねばなるまい。

なお、明治六年（一八七三）一月、小田県の啓蒙所規則は文部省の規則を参照して改正され、「小田県小学校規条」が公布され、その後も二度にわたって教則改正を行い、明治八年（一八七五）八月に至り、文部省の教則に準じた。

後年窪田次郎は「時に啓蒙所の配置を廃止して公立小学校の設立に変じ、余が心算茫然《ぼうぜん》たり」と云っている。殆んど藩の財政援助を受けることなく、下からの民衆の盛り上がる力により、また貧困家庭の児童には教材などを貸付、児童の発展段階に応じた教育をめざした啓蒙所から、明治六年二月より小学校経費を戸別一律に二五銭徴収することに示されるように、民衆の経済力を無視し、画一的で立身出世主義的教育を行うことに、窪田は大きく失望したのであろう。

四　報国両替社の設立

福山藩は度々の凶作や、二度の征長出兵、さらには戊辰戦争等によって、莫大な藩札を発行していた。明治四年には、旧来の銀札、維新後の金札発行の合計額は、金札に換算して約七〇万両とみられ、約一〇万両分が「損じ札」として差し引き、残り六〇万両を流通分とみている。

この莫大な藩札は「札価が下落し引き換えが滞り実に庶民の難儀」であり、かつ維新政府は太政官札（天札）が唯一の通用紙幣であり、藩札の流通禁止＝整理を促していた。福山藩でも明治三年頃からこれが公議局の議題となり、同年晩春より初夏にかけて藩札整理の構想が立てられ、「御管内尽く服して報国両替社を結ぶ」ことに決定し、四年四月に「報国両替社旨意」が印刷公布される。

先にみた四年二月十四・十五日の二通の細川寛一郎宛ての手紙で、次のように藩札引き換えの構想が成立しつつある様子を記し、窪田がこれに協力する立場を述べている。

（藩庁首脳に）御政体伺い候処、実に感服仕り、既に昨夜も此の政体にて追日規律も相立候はば十年の内に御管内旧弊を一洗、富国に相成るべきと申して帰り候。

此の間御咄の楮幣《ちょへい》一条、固より政府にも昨冬までの如き旧弊は一洗、万生各其の所を得上下相富候の思し召し

窪田は福山藩庁が思い切った政体改革を行い、その上で「旧弊は一先」するという約束により「十年の内に御管内（が）富国に相成る」と想定し、藩札整理を推進する方策を述べている。

即ち、藩札発行の問題については、「下民三歳の小児も藩政府を疑い上下の情隔絶つかまつり候」と述べ、此の度の引き換え事業で、また疑惑が生じてはと、大参事以下も心配しているという。そしてこの件は、「有志の者は力を合わせ、此の疑惑を解き、先ず第一番に藩札引き換えの会社を成就」させたいと。よってこの件については、必ず貴方の処に行き御相談したい。また「此の一義小生の身命を果候積に断然相成り候間（事の成り行きで小生が責任を負うようになったので）貴君もひとえに御協力願い上げたく」という。

更に榎本武揚が徳川氏のために尽力し、「近来はまた天朝へ出て御尽力の様子」であり、その従弟である貴方も藩政府と藩内「銘々の家業相勤候様御尽力遊ばされてこそ真の榎本の御従弟と存じ奉り候」といい、協力を要請している。

次にみる「報国両替社旨意」において窪田はいう。

当御藩庁にも旧時適《たまたま》下民疑惑の事ありと雖も、其の実は人災天才相重なり、其の地位に在って其の任に当の人、一時の権略も亦止むことを得ざる者あらん、猶手足銃丸に中りて其の毒生命に係わる時は、寧ろ手足を断て生命を保護すること、良医の為す所なり

窪田は毒に犯された手足を切って、生命を保護するという良医の道を選んだのである。

木版印刷によって発行された「報国両替社の趣意書および勘定書」は、長文の旨意と一〇か条よりなる規則・会社算勘見込書、および会社役員である周旋方・社長の名簿よりなる。此のうち、旨意・規則の二つは窪田自らが書き、会社算勘見込書は藩の係役人が記したものを、窪田が加筆したものと推定される。旨意に於いて窪田はいう。

御藩札の儀も元上下融通の便利を得るの処、数度の変災凶年御手当並びに御出兵の費用も夥しく、遂に已を得させられず御藩札を御摺り増し、御備え金を御取り欠ぎなされ候より、遂に札価下落上下難渋、今日の勢いに至り

窪田は藩札の擦り増し―備え金の取欠―札価の下落―上下の難渋の事実を公然と書記した上で、放置すれば無価値となる藩札を、下民一統のために少しでも有効に消却する方法として、会社創設に至った事を周知させようとした。そして会社創立により新しく集金する事につき、下民から疑惑の起こるのを何よりも恐れた。

窪田の旨意は三部の草稿があるが、それだけ知力を絞って書かれている。冒頭に次のようにいう。

およそ天下の事は、為して成らざる者なし、只その為さざるをもって成らざるなり、故になす時は

「スエズ」の大地に船路を通し、「アンデス」の高山も鉄道を貫く、為ざる時は屋漏《あまたり》の溝も塞がり、門前の小路も叢《くさむら》となるべし、しかるに、その為さざる者の心を察するに多くは、其の学ぶ所と習慣《なれ》とに係わりて大道の奥義を悟ることあたわず

窪田のいう大意は、人間は大事業をすることが出来るが、それを為さないのは学問のなさと習慣（伝統的生活態度）によるものであると。しかして、欧米諸国で「会社を以って大資本を集め大功業を成就するの工夫」が行われているが、我々もその方法によろうと。

そして、この会社についても民衆の中に疑惑の起こるのを心配し、事業の子細を活字にして総社中に周知させている。

報国両替社は領内の富豪家より社長六人、副社長一七人、周旋方五七人を任命して発足する。事業実施の方法は、次のようである。

（イ）太政官札（天札）を藩庁より五万両、領内より五万両、また銀札八千貫目（五万両相当）を出資し、領内出資分には一か月一歩の利をつける。

（ロ）太政官札を一日につき五〇〇両、両替する。（一両につき一匁の手数料をとる）。

（ハ）銀札八千貫目は、一か月一歩二朱の利息をつけて貸付、太政官札で回収する。

（ニ）年々両替・貸付金元利取り立てより二万両を、また藩の収入より二万両の計四万両を消却する。但し出資金利息に約一万両を要するので、実際は三万両程度となる。

（ホ）これを一〇年続け、約半数を消却する。

（ヘ）出資者には、米・雑穀等の領外輸出を含めた売買の自由を許可する。

以上の消却実施によって、六月十日より引き換えを行い、同二十日には「両につき銀札一五〇目位」で両替され、一定の効果を表したとされる。

しかし、七月十四日には廃藩置県、九月二十日からの領内大一揆によって活動を停止し、明治五年「小田県殖産商社」の設立によって、旧両替社は解体合流し、藩札引き換えは統一政権・新県庁のもとで実施される。

五　粟根村代議人制の設置

明治三年三月、粟根村庄屋藤井平太は藩庁御伝達所へ「代議人発行事許伺書」を提出している。その書面には大要次のように記している。

当村では、村中評議の際、小面《こずら》（一般農民）のみならず判頭《はんがしら》も評議の事柄が解っているものが少ないうえに、最近まで東西に分村しており評議する事が多い。また困窮村で夫食等の願出や、乞食に出る者も間々あり、趣法（期間を設けて家計の立て直しを図る方法）を企てることもあり、評議する事が多い。其の度に、右愚昧の者が度々会合していては、家業に差し支える。そこで「拾軒に壱人の代人を撰み万端の評議仕り度」いと。また最近藩庁から改革筋が仰せ出されるが、私庄屋平太は無学で、御布告の事を小面に十分説明出来ない。

そこで右の代人立ち会いの時に、窪田次郎に頼み細々と申し諭させれば、末々まで行き届くと考え、同人にも相談のうえ、入札選挙し、代議人と名付けたく考えたので、御許容下さい。なお別紙の通り相試み度ご覧にいれます。

其の規則には、代議人は十軒に一人あて、任期は一年、代議人の議論では「如何様の議論いたし候とも意趣を含み申す間敷事」、会議には多用たりとも繰り合わせ出会すること、止むを得ざる時は「事柄相分候人名代として差し出す」こと等が記されている。

これによる選挙は十人までの連記制を取っていたようで、「入札人三十四人」「惣札高二百二十二枚」となっている。従って一人平均六・五二人を記入していること、また、当時粟根村の戸数は一二〇戸で、投票人は戸数の二八パーセントである。広い意味での村政への関心や、識字力等からみて、此の程度からのスタートであったと思われる。なお、入札の多い上位九人を代議人の当選者としている。

先に見た、明治三年八月の福山医院教授兼薬局司解任のとき、村方から提出した嘆願書に窪田の活動につき、医療の他に次のように言っている。

且つ庄屋役人と心を合わせ、愚昧の者へ理解申し聞かせ、農間の節村方の者を役宅へ相集め教導仕り、辺土の百姓共安堵に農業渡世仕り居り罷り在り候

窪田は博学な知識によって、村方の教導人的地位にあり、そのホーマルな一面がここでいう代議人制における指導であり、他のもっと広い社会的側面が後にみる粟根村博聞会の成立に連なると思われる。

六　廃藩置県と上京

明治四年七月十四日廃藩置県の詔勅がでる。これにより福山藩は福山県となり旧知事は免職、当分の間大参事以下が事務を執ることとなる。

同年七月窪田は再び福山県より出仕を命ぜられ、民事取調べの命を受け東京出府を命ぜられる。これは大参事岡田吉顕に従っての上京であり、『鰐水日記』には、窪田はその「参謀」とある。そして十月に辞任し、翌年三月東京より帰村する。

東京在府中半歳余りの間は、怱々の間であり、中央政府に対し旧藩札の引替等についての民事報告等の他に、どのような用事があったのか不明である。彼は東京における新知識を吸収したり、大学東校に入学している弟堅造と合ったり、先に上京している恩師で二従兄弟である阪谷朗盧一家や、当時上京中であった桜渓塾の同門でありかつ廻り縁でもある坂田丈平（警軒）と合ったりの日々であったとおもわれる。

窪田が上京中の写真が一枚阪谷家に残されていた（口絵参照）。写真右で簭と冊子様のもの（新聞）を持っているのが窪田次郎（三七歳）である。簭で旧習を掃き捨て、新聞に表される開化・文明の摂取を意味するのであろうか。中央で算盤を持っているのが坂田丈平（三三歳・朗盧の甥）、左の風呂敷包みを背負い前に帳面を下げているのが、阪谷礼之介（二一歳・朗盧の長男で翌年死去・芳郎の兄）である。丈平と礼之介は共に新しい時代を商業・交易の時代と見ているのであろうか。二人の出で立ちは新しい時代への志向を示しているのであろう。

次郎は、明治四年九月十九日から起こる福山県大一揆を、東京で聞いていたであろうが、翌年三月帰村して一揆の詳細を聞き、愕然としたであろう。

一揆発生の具体的要因は、（イ）婦人や牛鶏を異人に渡す。（ロ）キリシタンの秘法により電信機を敷設している。（ハ）太政官は異人が政治をする所である。（ニ）俵拵えは増量に変更される。（ホ）上京する知事が涙金を出したが、戸長が取り込んでいる等の流言であった。そして戸長や副役を「太政官付き」として、また「豪家・強家・大家」を攻撃したのである。全県下で焼討ち五一、打こわし五六、焚出し（未遂とも）五三の計一六〇軒が攻撃された（安那郡内でも焼討ち七・打こわし七）。それらの中には、啓蒙社周旋方、あるいは報国両替社周旋方・副社長・社長等として共に会議に連なり面識のある人々がかなり含まれていたからである。他方で一揆を指導し、先頭に立った者たち約二〇〇人が逮捕された。

窪田は大一揆の見聞から、民衆が合理的判断ができ、自主独立した行動のとれるよう、啓蒙に一層力をいれる。と同時に、彼が民衆の先頭に立って運動を指導する場合も、あくまで言論により、不毛な暴力を排除し、合法運動に徹する方法を取るのである。

第三章　小田県時代の思想形成と活動

一　人間論の深化

窪田次郎は明治五年三月東京より帰郷する。それより明治八年（一八七五）末頃までの活発な活動についてみよう。

旧福山領は廃藩置県によって、一時福山県となるが、明治四年十一月備中（はじめ生坂・鴨方領をのぞく、のち備中一円）、備後の旧福山領・旧中津領・旧倉敷県所轄地などを加えて深津県となる。しかし新しく任命された権令矢野光儀・権参事森長義等は県庁を笠岡に設け、小田県と改称することを要請し聴許される。同県は明治八年十二月に岡山県に合併されるが、この章ではほぼこの頃までをみよう。

窪田は、この時代に活動範囲を拡大し備中地域に大きく入り込んでいく。そしてその内容においても、医療関係に止まらず、広く民権拡張をふまえた啓蒙的諸活動を展開していく。またその思想形成においても、儒教、特に朱子学的な思想を克服しつつ、自然権思想や、科学的合理主義に立脚した思想を生みだして行くのである。

1　政教一致論

窪田は明治五〜六年頃（一八七二〜七三）に、「童蒙法の枝折」と「政教一致の答」なる二つの筆稿を残している。

「童蒙法の枝折」は、七五のいわゆる口説節調《くどきふし》に、総振り仮名をつけて読みやすくし、言い易く、覚え易く書いている。

其の中に日本の法律は、「かの性法（自然法）を本として、仕来・約束二品を、取交えたる者」であるとして、次のようにいう。

（維新以後は）月日の光公明の、御代の進歩を疑はば、性法仕来約束の、三つの目方を改まる、其の度毎に権《はか》り観よ、いずれ二つなくなりて、只性法の一筋を、貫く御代ぞ近からん、政府は民の返照とて、下々一同開化せば、かの暴人の影消えん、取り締まるべき害絶えて、名のみぞ残る司法省、海陸軍の銃砲は、博物館に納まりて、律は反古となる御代を、想像するも楽しけれ。

ここでは、時代の進歩と共に、法において伝統的な「仕来・約束」の二つは無くなり「只（近代的な）性法の一筋」が貫く時代が到来するという。そして政府の組織も変更され、銃砲は博物館に納まり、律は反古になる時代が来るだろうという。

後にみる「細謹社」書店から窪田が買い受けた書物の中に、自然法を説いた『性法論』なる書物が見られるが、ヨーロッパの法や思想を紹介した書物を通して、自然法や自然権（天賦人権）論を吸収し、それを国家・社会の開明の基軸に据え、その仕組みを童蒙に伝えようとしているのである。

また彼は、文末に「監獄略図並略解」として、男女別の懲役の図などをしめしている。其の説明に、「吟味中の者には無罪の者もあれば殊に手厚くすべきなり」とか、監獄を「万物の霊たる人にねり直す場所なれば又一種の学校というも可なり」等と記している。

以上の末尾に、幼童には理解し難い点もあるので、「筆の序に政教一致の愚論を書載せた」とし、「政教一致の答」を示し、父母達が教育の参考にしてほしいという。この論考は後にみるが、窪田のいくつかの人間論として最初に纏められたものといえよう。

ここで言う政教一致とは、現代社会で政治と宗教の関係につき、其の一致とか分離とかを言うのとは、やや異なって、儒教的立場から政治と教育との関係について述べたものである。尤も、体系的な世界観を示す思想を宗教と定義すれば、儒教もいわゆる宗教色の薄い宗教であって、前に言った点との差異は極めて相対的なものとなろう。

この論考では、人間の慾が考察される。

慾は天地万物自然固有の正理にして良知能の因って起こる所なり、天之を命じ人之を受け以て性と成す、故に人の性は慾なり、慾は欲する心なり、

「人の性は慾なり」とし、人間の欲望を自然なものとして肯定する天賦人権論の立場に立っている。そしてその慾より良知能が起こるとするところに彼の根本的な人間観がある。もともと、朱子は人間の性は理（形而上の道）そのものであるが、気に基づく欲がそれを妨げている。かくて学の目的は人欲を去って天理を尽くすことにあるとした。

しかし窪田は私の欲する所と、他人の欲する所を互いに調整し、協和して「以て天地の性を達す、是天理の公慾なり是を善行と云う、彼之を欲し我も亦之を欲し、欲して止まず必ず相争う、争う時は必ず其の性を妨ぐ、是一己の私慾なり是を悪行と云う」、とする。そして彼我の慾は、それぞれ天の命ずる所であるので、「其の両端を執ってその中を用うる者之を道と云う、道に古今の異なく万国の別なし必ずや人に存す、故に須臾《すゆ》も離るべからず、離るべきは道に非るなり」と。そこに彼我に道を教える「教」が必要となるとする。

彼はさらに知足についてみる。「人の性は現れて欲情の二情となる」とし、「欲して其の道を失えば貧饕《ひんとう》（むさぼり）・侵掠《しんりょう》（せめかすめとる）・盗奪の念を生じ、惜しんで其の道を失えば鄙悋《ひりん》（いやしきこころ）・隠匿《いんとく》・扞拒《かんきょ》の念を生ず」となり、争いのおこる原因とする。

ところが「欲して其の道を得れば忍耐・勤勉」して物を造り交易が起こる。「惜しんで其の道を得れば謹慎・恭敬・蓄積を保護し命名を全うする」。勤勉と恭敬は生命を保つに必要なものとなり、これを捨てて知足のみを取れば、怠惰・安逸か、侮慢《ぶまん》・傲奢《ごうしゃ》に陥るとする。

次に彼は倹約について見、その結論として次のようにいう。

> 夫倹約は衣食住を麁悪《そあく》にして、衣食住は身命を保の根本なり、今其の根を麁悪にして其の幹枝を栄養し其の花実開熟せんと欲す、豈得べけんや、終に以て凋零《ちょうれい》枯死に至らんのみ、

ここに窪田の思想的特色がある。近世期以来の民衆思想家の多くは、人々に勤勉と共に知足・倹約・質素を教えてきた。石田梅岩・二宮尊徳・平田派国学者として下総東部の農民指導に当たった宮負定雄等皆それである。しかしこれらの通俗道徳は、消極的倫理とでも言うべきもので、封建支配者の示す民衆像に

加担し、その限られた条件内での自立性や勤勉・精進を説くものであった。しかし窪田は、勤勉は説くが知足や倹約は説かない。彼は農民の衣食住における余りにも麁末《そまつ》な状態を悉知しているのである。

後にみる地租改正反対闘争において、粟根村民の実情につき、「米食は衰老沈痾《ちんあ》及び五歳以下の小児に止まり、其の余は概して麦食なり」とし、その麦食も雑穀・諸野菜等の合食雑炊であるとし、「村中稍滋養の食を食する者は、只戸長・保長・小学校教員及び余輩僅々六七戸のみ」と云うのである。

医者として村民の衣食住の隅々まで知っている彼には、倹約の文字は事実上無かった。

彼は農民に贅沢を奨めている訳ではない。ただ現代流に云えば「健康で文化的な生活」水準に達していない農民の生活実態を、少しでも向上させようと図っていたのである。こうして人は「万物の性を集めて身命の健康を保ち、以って万物の霊知能を発す、これを真の人と云う」と、彼は「真の人」の実現を目指していたのである。

その為に、彼は算（数）の必要を説く。算とは事物の比較検討であり、事の大小を知ることであるが、この算の必要性については後に見るので、ここでは省略しよう。

2　生素説

のちに見るように、窪田は明治七年末に学習結社蛙鳴群《あめいぐん》を組織する。その第一回会合が翌八年（一八八五）一月十一日に開かれ、窪田は「小田の蛙　第一鳴」として「文教論―生素の説」なる演説の原稿を残している。

それにおいて、古来より動物上に発する作用の源を、神・霊・魂・精神と名付けてきたが、窪田はこれらを「魂」と呼び、厳密には「有機体上動植に論なく、皆生素なる者ありて、其の器械上に化合することを発表する者あらざるなり」という。そして重要な点として次のように言う。

（イ）「夫生素なる者亦一種特異の一元素にして恰も温素・光素・越素（エレキテル）の如し、而して其の親和は必ず有機体上に於いてし、其の化合伝導は必ず父母の体中（蘇苔《そたい》（しそ・こけの類）草木は雌雄両蕊交感して子宮に化合す）を以てして他物より之を奪う可からず、是又温素・光素・越素などと少しく異なる所なり」

（ロ）動植物を問わず、その活動は「皆其の一作用にして其の遠隔甚だしき者他なし、只其の器械の結構の異なるなり」、「其の器械の具不具・精不精に因って、其の賢愚能不能の別あるなり」

（ハ）「　天地間は実に舎密《しゃみつ》の無尽蔵なり、而して其の化生の本源は如何と問はば、天に非ず、地に非ず、神に非ず、仏に非ず（中略）断じて自然と答うべきなり」

（ニ）生素の器械上に現れる作用を名付けて知能といい、其の完備精妙なる器械上に発するを良知良能という。結論として次のようにいう。

豈枯死して後別に霊魂と名付くべき一種の元素ありて、他人に付着し他物に寄生し偶像に寄宿し幣帛に来臨し、神となり仏となり眷属天狗となり、悪鬼怨魂となり、幽霊となり精霊となり天に上り地に入り極楽世界に生まれんや

現在、人間の心とか魂とかを取り上げ、その実態を学問的に問題とすることは、殆んどないようである。しかし徳川後期に山片蟠桃のように唯物論の立場をとった学者も出ているが、一九世紀後半のこの時

代でも、人の魂は肉体が滅んだ後も、なおあの世において存在するとの観念が一般的であったと思はれる。

一例として次の例を見よう。山陽道の備中矢掛宿からほぼ南に一〇キロ程行った所に、浅口郡大谷村（現浅口市大谷）がある。そこで金光教が成立した。金光教の創唱者川手文治（一八一四〜八三）は、窪田より約二〇年ほど先に生まれ、先に死んだ人である。彼は人間の誕生と死を次のようにいう。

そう言う事（人間の生まれる事）は、誰がするんなら、天地の神様のおあてがいで出来たのぞよ。それで身体へ魂を下げて下さってあるから、此の世へは、生きて居るのじゃ、（中略）死ぬるのは、ほどける様なものじゃ、土から生じた身体じゃから、死んで魂が離れりや、土へ帰って了う。

ここでは人の誕生を「天地の神のあてがい（所与・割り当て）」とし、「身体へ魂を下げて下さ」るとする。また死を「ほどく（解）けるようなもの」とし、「魂が離れ」た身体は土へ帰り、離れた魂は神の下に帰るとみているようである。

窪田は、生素が父母の体内において化合伝導し、人が生まれ、其の器械結構によって魂が生まれ、器械結構の完備精妙によって良知良能となるとみる。そして人の死によって、人間を構成した諸元素がその親和を失い、器械も解体し魂も消滅するとみる。こうして人間、従って身体と魂の生誕と死との原動力を「自然」とするのである。

川手文治に代表されるような、死後も魂が存在するという観念に対し、窪田のように人の生も死も、自然の作用に求め、魂も亦有機体としての身体の消滅と共に消滅するという機械論的な観念は、此の時点の日本では極めて珍しいことである。窪田は恐らく彼が購入して読む、医学・生理学・化学等の自然科学書から、このような認識に達したのであろう。これによって先に見た、明治五〜六年代の「政教一致の答」にみられたような、精神機能の内部のみでの静態的・平面的な分析から前進することが出来たのである。こうして彼は、生命の終滅はイコール精神・魂・知能の終滅であるとする唯物論的思想・科学的生命論に大きく前進したのである。

なお郷土史家浜本鶴賓は、窪田に関する所見のなかで、「又夙に造化機論を著わし、世に流布した。此の種の書物の世に出ずる、之を以て嚆矢とした」という。窪田は早くから活版印刷を利用していた。また彼の思想の中で「造化機論」に当たるものはこの生素説であるので、これが一冊の書物（パンフレット）として流布したのかも知れない。

二　啓蒙的諸活動

1　細謹社の創設

東京から帰った窪田が行った大きな仕事の一つに、書店細謹社の創設がある。明治五年九月作成の「細謹社創立願文」に大要次のようにいう。

王政復古以来、人々は開化文明に浴しているが、今日に至っても「啓蒙の実績」が挙がらない。その理由は、「社人僧侶医者農商等一村一町の標目にも相成り、名門望族を誇り候」者も「多くは浅才薄識」であり、彼らは「天地の気運世代の光景を覚ること能わず」という状態である。ところが最近管内の社人・僧侶の中に、「文明の実益を研求し愚父愚母を諭さんと」努力している人々がある。しかしこれらも依拠すべき「新書の得難きに相苦」しんでいる実情である。

そこで同志と図って「書林商会を企て、細謹社と」名付け、良書を「正利を以て売り込み」たいという。その際、「大行《たいこう》は細謹を顧みず」（『史記』項羽本紀）の語があるが、これは支那学教の衰えよりきている間違いであり、逆に「大行は細謹を顧みる」（大行を為さんとする者は細謹＝少しの謹みをも怠ってはならない）と云うのが正しいとし、「細謹社」を書店の名称としている。この考えには窪田らしい倫理観が現れている。なお、細謹社書店の創立につき、窪田は後月郡與井村寄留坂田雅夫（丈平の兄・妻は猪木家より）・浅口郡乙島村の富裕者猪木雄一郎と相談して決定したという。

「細謹社条約」では、備中・備後の主要な都市に、更に讃岐・伊予の都市も加え一〇か所に開店する予定であるが、当分は笠岡・福山・玉島の三店をひらく。入社金は一口五〇円とし、四〇口を取り立てて資本とする。そして詳細な経営・経理等の規則を設けている。設立時の出資者は三七人で、その居住地別は備後一四人、備中二〇人、東京三人で、東京は小林達太郎（小林義直・鰐水門下・東京医学校助教）、佐澤太郎（誠之館二等教授・のち文部省に移る）、阪谷朗廬である。東京在住者は直接書店の恩恵には預からないが、郷土の文化興隆の為に出資したのであろう。なお出資者は明治八年（一八七五）には四八人となっている。

会社規則では、主店・権主店が置かれ、主店には備中富岡村の北村七郎が任ぜられた。

販売には社中（出資者）も担当し、手数料として一般書籍は扱い高の五分、文部省蔵版・慶応義塾本・医書は一割が与えられた（実際は定価の割引分を差し引き購入する）。取り扱い品は一般書籍・雑誌・月報のほか、医学書が非常に多い。その他、寒暖計・胸聴器・打診器・検尿器等の医療機器や、インク・石盤等の一般学用品も販売されている。

窪田自身が明治十三年（一八八〇）に販売した「書価取扱い帳」には、『国政医論』一四部、『診断図式』三部がのせられ「右は松永村渙群社分」と記されている。渙群社は、のちにみるが窪田が沼隈郡に結成した医療結社で、そこでの研修用テキスト等としたものであろう。

細謹社は明治十五年（一八八五）八月を以て解散する。満一〇年の間「義社の本体を失わざる様」としてき、一定の啓蒙的な役割を果たしたとみたのであろう。書店は解散後には「細謹舎」と社の字を変更することの条件をつけ、この時点の総括猪木雄一郎から北村長太郎（北村七郎の子息か、明治十一年十一月に主店となっている）に譲渡される。譲渡金は一、五四〇円である。解散時の株主は四四人で、一人当たり払い戻し額は三五円となる。既に毎年の配当（明治八年は一口当たり四円一四銭）を得ており、安価に図書購入ができたので、出資金より五円引きなら、まずまずの成績であったと言えよう。

ちなみに細謹舎と改名した書店は岡山市に永く老舗の書店として存在していたが、十数年前に閉店となっている。

2　粟根村博聞会の開設

窪田は明治六年三月、村内の同志二〇人、村外の同志八人と図って粟根村「博聞会」を開く。それは明治維新後、文明開化の気風にあるのに、吾々が住む「山野の荒村見聞少なく、新聞紙の如きも読む能わざる民十の八九、亦憐れむべき」状態にあるとして次のようにいう。
因って社中申し合わせ安那郡粟根村小学校に於いて、毎月五の日の薄暮より十一時迄、社中社外の別なく有志の人々思い思いに談席に登り、上は天に事え君に仕え、下は己を統《おさ》め人に接するの話より、養生の法、衣食住の制、器械の造構、山野の開墾、百穀草木の培養、牧畜養蚕の方術（中略）御布告新聞紙等の事に至るまで一切随意に談話し、之を名つけて博聞会と称し（後略）
その後博聞会の実情は明らかでないが、明治二十一年（一八八八）窪田が子弟教育のため岡山に移住したのを契機に規約も新たにされ、毎年三、五、七、九、十二、の五回、各々一日妙永寺を会場として開催された。窪田は其の日岡山より帰村して会に出席した。窪田が没した明治三十五年（一九〇二）四月以降も二回開かれ、翌三十六年三月二十一日の第五十六回を最後に満三十周年を以て解散した。
宗教的な講会等は、長期間継続する例を見るが、博聞会のように宗教を離れ、民衆自身が組織し、相互に談話し「知識を磨き」文化の向上を図った集会が、かくも長期に亘って継続した事例を私は知らない。

3　養蚕伝習組織の結成

窪田は明治七年（一八七四）四月、「養蚕伝習約束」と題する組織をつくる。これは養蚕業の先進地である上野国（群馬県）田島氏の所に伝習人を派遣し、実地につき熟練のうえ、これを同志に伝習する組織である。窪田が発起人で同村藤井平次（戸長平太の弟）・簗瀬村山成理一郎（弘斉の甥）・富岡村北村七郎（啓蒙社主店）が世話人となり、他に一七人、合計二一人（備中一三人・備後八人）の同志を集め、一人あたり二円五〇銭を出金して、伝習人の費用にあてる。

「伝習人は帰国の上、同志の者を初め其の同籍の子弟へ授業料なしに授業の義務を遂」げる。これが終わった後は自由に任せ契約を解くとする。なお伝習人には粟根村井伏栄助（永助）の子息朝一（民左衛門の弟）が担当者となっている。養蚕伝習は非農家である窪田には直接の利害関係は無い筈である。しかし当時生糸は日本の重要な輸出品で、養蚕業は原料確保のための勧業事項であり、かつ恩師江木鰐水も力を入れていた仕事であった。窪田は地域の経済的繁栄のためにこのような組織を作ったとおもわれる。

三　諸種の建議と方策

1　若連中・講中の禁止

窪田は明治五年九月、若連中・講中等の禁止を小田県に建議している。わが国では市街・村落を問わず、若連中（若者組）と称するものがある。これにつき窪田はいう。

大抵善行少なく市街村落の争闘大なる者多くは此の党より起こり姦民の乱暴も此の徒を煽動して盛大に相成、其の他淫風悪俗の源も大率此の派より流れ、厳父も其の費を出して制すること能はず、里正も其の意に随って禁ずること無く、制度の外に中立して約束の裏に跋扈《ばっこ》仕候

そして啓蒙所で教育を受けた従順な生徒も、若連中に入ると無頼の人となると。

また講中・講仲間と称する宗教的組織があるが、神仏を名目として酒食を募り、遠近の寺社に参詣し、あるいは講会で「中には抗命違令の相談場にも相成」っている。これらは廃止して、その費用をもって「村落間一小区迄公然たる会議所御設けに」なれば、議会制度の拡大に連なるであろうという。

2　賞賜局開設と大麻につき建言・演説

明治七年三月、内務省内に賞賜局を開局することを建言する。それは民衆が、国家の富強や文明の開化に貢献しうる建言をしたとき、その貢献の度合いに応じた賞賜を下賜せよというのである。

窪田は明治六〜七年頃に大麻のことにつき、大要次のような建言を行っている。即ち、日本国民の「祖宗たる天照皇大神宮の大麻」を戸々に配り「賤家の煤塵に穢され」ている。またこれを「諸社諸山の配札同様に心得」たり敬神に反することが多い。よって、「各区遙拝所社寺等へのみ御下げ渡しにて時々戸長共其の区内の人民を引き連れ参拝説教等拝聴仕候はば」よかろうと。

窪田は後に見るように、「蛙鳴群」と称する政治的な学習結社を組織するが、明治八年二月の第二回目の会合で、「大麻奉祀式につき四方有識者に質す」と題した演説を行っている。

それは、神宮少宮司浦田長民が、皇大神宮大麻奉仕式につき著述し、明治六年十二月に教部省の許可をえて、山田の書店から出版された。この奉仕式が明治八年一月十八日に戸長藤井平太の宅に到来し、初めて拝見し驚いた。というのは、この様に大切な事が大麻配布後一年を経て撰定され、さらに一年を経て僻県に達したことである。

これらは、配布に先立ち、「天朝にて御撰定、直ちに勅書を飛して日本全国へ御厳命有せられ」、国民に式を示され、少しも式に違うことがないようにし、もって「人民文明に進むに先たち直ちに敬神の骨髄を顕わし、吾国体政体を万国へ御示し」になるべきではないかと云っている。

四　医療関係の活動

先にみたように書店細謹社を設立した窪田は、地方における医者の知識と技倆の進展を図り、併せて細謹社の経営への寄与をも考え、「県内医業取り扱い候者一同へ医業研究の御教令願」を県庁に提出している。その要旨は、西洋医学の輸入によって、医学知識と技術の進展があるにも拘わらず、地方居住の医師はそれを研修する機会がない。そこで次のようにいう。

せめては医書研究仕り候はば万一の用をも相成し申すもうすべく、（中略）何卒県内の医業取り扱い候者一同へ右研究の儀手厚く御教令下させられたく、今般願い上げ候

書林御許容の上は書籍の便路成る丈相開き互いに研究仕るべく（後略）

小田県はこれに対し、明治六年八月医事教育奨励の諭告を発し、ついで窪田は小田県管内医取締に任命される。

窪田はまた明治六年八月小田県に、「田舎医術調所兼診判所設立大意」を提出している。その大意は次のようである。

即ち疾病と医療の問題が国家社会の重要問題であるにも拘わらず、現実には学業を大学で学び、学士として医業に当たっている者は極めて少ない。そして小田県の現状は「田舎間医流に至りては猶旧弊を蝉脱せず、概ね蛮野の売薬児のみ、其の間稀に西洋医風を模擬する者あるも、亦不規妄慢其の弊却って守株《しゅしゅ》の漢医者流に過ぐ」状態である。そこで更にいう。

一身分研業の入費として毎医毎年二円余りを出し、以て田舎医術調所を設け、臨床講義の規範に倣い診判所を兼ね、当分之を県庁の下に置き、管内の医流を総括し、又毎大区に支局を設け簡易の医書を講究し、巡教師を以て之を試み、取り締まりを以て之を督し、

窪田の建言に基づき、小田県学務官吏となっている杉山新十郎等の尽力により、笠岡に「田舎医生研究所」が設けられた。其の規則によれば次のようである。

管内吾同業の者は尽く教師の生徒となりて、取締まりの指揮に従い、謹慎勉励して学術に従事し、今より真医師と為ること能はさるも、（医入学を志す）少年成業の日迄互いに過失なき治療相続致すべき事

そして入塾資格は「二十歳以上にして既に開業又は将に開業せんとするに限るべき事」とし、定員を二十人としている。そして一日の時間割として講義・外来者の診察・会読・入寮者の診察・独学の各時間を設けている。またこの施設維持に当てるため、教師を除き「県内医業の者」は年二回一円ずつをおさめる。

この組織は、「将に開業せんとする」者にとっては好都合であるが、各村々を中心とした診療範囲をもち「既に開業」している医師にとっては、入塾し難い事情にあろう。それが開業医の消極的抵抗を引き起

こした最大の理由と思われる。結果として、田舎医生研究所の運営は失敗であった。窪田は後年次のようにいう。

僕往年田舎医生研業の方策を立てし時に当たり、或いは蛙面の水と流れ、或いは沸沸然として不平を鳴らし、或いは念仏然として往生するの医ありて、僕も亦頗る困窮如たり

そして後に安那郡の医務取締となる某先生の如きは、「片言刪正《さんせい》を加えず、却って評論書翰頗る玩弄《がんろう》嘲笑を極められたり」と、無念の情を示している。

窪田は明治四年頃既に早く、「後進成熟医師出来迄」の繋ぎとして、「田舎医師」の再教育を行う機関の設置を福山藩に建言していた。明治五年秋、その「後進成熟医師」になる筈であった弟堅造が大学東校在学中に死亡した。

弟堅造東校に死して他に兄弟なし、次郎乃ち他事を擲《なげう》ち再び医事を学ばんと欲す、既に日暮れ途遠く且つ家に父母あり妻子ありて委託すべきの親族なし、

その小田県田舎医生研究所を設立したが、「遂に敗退して其の功績を収むる能はず」となった。彼は失敗の理由がどこにあるか、これらの反省の上に、次章にみる真に繋ぎとなるべき田舎医師の連結組織＝医会を結成するのである。

なお、これらと半ば関連しながら、明治六年十二月笠岡において小田県「医業取立臨時議院」がもうけられる。この会議は矢野権令以下の県官が出席し、寺地強平と石坂堅壮（倉敷）が議長となり、平川良坪・窪田次郎・妹尾又玄（倉敷）・坂田雅夫（玉島）・山本習軒（深津木之庄）・藤井塵外が議事取締となり、多数の者が議生となって協議を行った。これに多数の薬種屋惣代等も加わり傍聴した。

この結果、翌七年六月には、窪田に「医学校兼病院創立」の会議に出席するよう命令され、「病院兼医学校創立周旋方」に任命される。しかし八年十二月には小田県は廃県となり、この病院が日の目を見ることはなかった。

窪田はまた医師個人としての診療にも精励している。明治十年頃の文章ながら次のようにいう。

次郎夙に本邦医風の卑野を慨し、明治五年の春より率先奮励して専ら診断を業とし、爾来艱難困苦なきに非ずと雖も益発奮以て今日に至れり

「明治五年の春より」とは、東京から帰村した時であり、以後診断に精励していた様子が知られる。また後年、バセドウ病について述べた記事の中で次のようにいう。

すなわち、明治六年夏玉島港医師久山保定の依頼で患者をみ、「此の婦心悸稍《やや》亢進して甲状腺右側少く肥大し、左眼球も亦尋常人と異なれり、余始めて本邦内バセドビ病者の有ることを知り、之を同業者に語るに皆冷笑せり」とし、同年秋にも備後奴可郡東城村に至る途中で神石郡油木町に小憩し、「茶店の婢を見て同種の病なりと認め強いて之を診査せし」等と述べている。

窪田の居村粟根村より玉島港へは、神辺からの山陽道を通っても四〇キロ以上あり（笠岡からの海路なら少し近い）、同様に東城村へも現在の国道一八二号の最短線を通っても四〇キロは下らない。

既にこの時代、彼の医療活動の範囲は、居村と其の周辺を越えて、備後南部は勿論、備後北部から備中南部に及んでいるのである。それは「村医者」の範囲を越えている。「村医者」たちで診察出来ない難病が窪田の所へ持ち込まれていたと思われる。

五　議会構想と民権活動

1　下議員結構の議案提出

窪田は明治五年九月までに、「下議員結構の議案」と題する議会構想を記している。

教育の大道を開き為政議政の両輪に駕し細大尽く之に載せ、上に抑制なく下に否塞《ひそく》なく議政は下より昇り為政は上より下り上下の事情循環流通する者、是天下を御するの聖術にして当今の急務なり、これによって藩政末期より、中央・地方に各種議会制度を設け、名代人を集めて議論してきたが、十分成果が上がっていないという。

是他なし、其の選挙の法卒然他州を学んで吾国文明開化の度に適せざる故なり、因って都鄙《とひ》を忘れ管見を陳べ私に下議員の結構を作為し御参考に供し候

彼の構想では、議員の選出方法はそれぞれ異なるが、小区会―大区会―県会―天朝下議院と議会を連ね、これが「相連関」した壮大な議会構想となっている。即ち下位の議会議員が複選によって上位の議会議員に加わり、「格外の重大事件」については、その場で決せず、下位の議会に持ち帰り、審議の上、其の結論を持ち行く制度をとっている。これにより議員の判断が民意と隔絶するという、いわゆる議会制度の空洞化を防ごうとしているのである。

しかし彼の構想では天朝下議院の「務」として、「左院に伺候し、下議員となり御下問の筋決答致し」となっている。当時の中央官制では、太政官に正院・右院・左院を置き、左院は議員が諸立法のことを議する所とされた。窪田の構想では、近代的行政組織の未成立と相俟ち、天朝下議院は左院の諮問にあずかる機関となっており、未だ国民議会における二院制度の中に正しく位置づけられてはいない。

なお窪田の「下議員結構の議案」を注意深く読むと、窪田はこれによって日本の議会制度を一挙に作り上げようと考えていたのではなく、むしろ議会制度のより完成した形態への第一歩としているように思われる。彼の思想には学習とか、啓蒙とかの観念が強いが、議会制度もそうしたものとして考案されているようである。彼は小区会・大区会・県会・天朝下議院と、各段の議会制度を述べたあとにいう。

右の如く相連関致し置き候はば未開の小民も聊か有用の議員に列し、不学の議員も実地験習の効を積み、之を行うこと十年にして山角海隅の頑民迄一面目を改めて御誓文を感載奉り、各旧習の雲霧を払うて新政の日光を拝し、私欲の迷路を出て天地の公道に立ち帰り申す可しと、

彼はこれを行うこと十年にして、未開の小民も不学の議員も面目を改め、御誓文の趣旨に応えうる立憲議会制度を作ることが出来ると考えているのである。しかしいずれにしても板垣退助らが民撰議院設立建白書を提出し、これより自由民権運動がスタートするよりも、一年四か月ほど先んじていたことだけは確かである。

また、窪田の構想では、「女と雖も志ある者は入札の権」を持つとし、小区会の場合は議場を啓蒙所と同一の敷地に設け、「人材陶冶の為、政教一致の局を設けて幼年より実地の見聞を致させ候はば、空学の弊を免れ」るとする。彼は構想の写しを笠岡の友人に送った際、「尚小生の村内は昨春より代議人を相始

試み候処随分面白く御座候間他にも御試み下さるべく候」と記している。彼の身近な処から試み、広く及ぼして行く方法がここでも示されている。

2　小田県臨時議院の開設

板垣等による民撰議院設立建白書の提出を機に、民間での民撰議院論が活発となった。政府はこれに対し、地方行政上の諸問題を討議するため、明治七年五月地方官会議を開催するとの詔勅を発する。時に兵庫県令神田孝平が、地方官会議の件を管内に告示し、地方官会議議長へ伺書きを発したことが『東京日日新聞』に載せられた。これを知った小田郡富岡村北村七郎・同郡笠岡村小野亮・同三村立庵・安那郡粟根村窪田次郎・後月郡寺戸村坂田丈平の五人は、六月二十七日に「民選議院の議に付き願書」を小田県権令宛てに提出し、「当県に於いても右様の御高挙これ有り度」と要請した。県はその二日後に「申立ての趣尤の儀」とし、既に「詮議中に候条急速処分に及ぶべく」と通知した。

これに対し、七月九日に窪田と坂田は再伺いとして、県の布告を待っているが未だ布達がない、早急な処置をするよう要請する。これに対し県は会議の「召集九月十日の期限」と通知している。

上記七月九日に再伺いを提出するより二〜四日前の七月五日（別な草稿は七月七日）に、窪田は単独で「矢野権令に奉る書」を提出している。

論旨の要点は、小田県政において実に多数の疑惑が発生しているとし、その様子は「少々の疑い砂塵積って遂に山を成す」という。こうした時に、権令が県下の事情を十分悉知することなく、地方官会議に出席しても「独裁の名代人」となるだけである。彼はいう。

伏して願くは令公閣下先ず県庁に於いて公然たる臨時議院を開き、毎一小区より両三人を選び出し小民等も亦其の末員に加わり令公閣下自ら議長となり玉い、上国律租法より下細民の交際に至り天朝議院の則に倣い忌憚なく究論せしめ玉はば、（後略）

令公はこの成果を携えて「天朝の議院に立ち出で給はば豈立派なる名代人ならんや」と。そして討議した内容を『日新真事誌』に載せ、国内に示せば良かろう。

と云っても、「令公閣下既に御老年且つ終始御不快の由にて直言の志士も其の間時を伺を得ざると聞く」。そこで県庁の中より代理人を選出し細事は一切その人に任せ、「良医を招き良薬を服し」、心身を安楽にされては如何。「右の両状の内何れか御採用賜り度」恐縮ながら献言いたしますと。

ここでは自らが民選会議を主催し地方官会議に出席するか、あるいは引退か。婉曲ながら後者を迫っていると言えよう。

この「矢野権令に奉る書」は、後項で見るように『郵便報知新聞』に掲載された。それによってか小田県内の酒津村（倉敷市）の梶谷家や、岡山県管内の串田村（倉敷市）の山本家にも書写されたものが、保存されており、民間でも話題となった一文といえよう。

また、早稲田大学図書館蔵「大隈文書」の中に、「右献言仕り候に付き取次差上げ奉り候　以上　右戸長藤井平太」と、戸長が奥書した実物文書がある。恐らく『郵便報知新聞』の記事によって内務省等で取り寄せられ、後に見るように矢野権令が明治八年六月からの地方官会議で上京したまま、同年九月に依願免職（事実上の馘首か）となる理由の一資料となったものと推測される。

当時内務省と大蔵省の両省間に「地租改正事務局」が設立され（総裁大久保・副総裁大隈）、強力に地租改正が実施されていた。よって内務省で取り寄せられた文書が、大蔵卿兼地租改正事務局副総裁大隈へ回覧となり、そのまま、大隈の下で保存されたものと推定される。

さて、小田県は窪田らの要請に応じ「区会議概則」を公布し、「国憲民法細大を択ばず租税賦課等の件」を討議する大区会をおこし、更に庁下において大会議を開くとした。そして議員の選出は財産制限のない公選制、会議は公開とし、一般人民の傍聴を許すとしたものであった。

（イ）まず、各小区で七月下旬より「議員正副二人を投票し」、これに「正副戸長・保長・伍長或いは年老の者等」が、一区内の意見をまとめる。これをもって被選挙人が大区会に出る。

（ロ）その後八月二日より十日の間に、各小区の被選挙人二人が出て、大区会を開き、その討議内容をまとめる。

（ハ）八月十六日から笠岡の地福寺で県議会を開き、決議事項を浄書して提出する。

窪田の居住する粟根村と隣村芦原村よりなる第六大区十五小区の建議事項からみよう。全一六項目が建議されているが窪田はそれを報知社に送付と記しているので、『郵便報知新聞』に掲載されたものと思われる。以下重要と思われる項目にそってみよう。

第一条御国体並御政体の事。ここでは、「大日本国体を合州帝国」とし、「上議院へは諸省寮使の名代人出勤、下議院へは各府県の名代人出勤、合して左院と称し」、「両条の軌道班然相立つ」としている。これは、明治五年に窪田の構想した「下議員結構の議案」における、天朝下議院を左院の諮問機関とした点より大きく前進している。すなわち下議院を国民代表である府県名代人で構成するとし、官僚代表の上院と国民代表の府県名代人による下院との二院形態としているのである。

第二条官費民費分界の事。ここでは「官費と民費との分界、其の実は通国の費用尽く民費なり、然れども一旦租税となし、官に納め官の手を仮り償う者を官費と名づけ、民より直ちに償う者を民費と名づく」。そして（通国の費用尽く民費なる故に）「毎歳大蔵より歳出入明細表を御下付あるべきなり」と。

第三条国債の事。止むを得ず国債を発行する時は、国民に「御下問あるべし」、御下問のない国債は「官員の私債にて大蔵より償うべきの理なし」と。

以上第二・三条の論理は、「通国の費用尽く民費なり」とする思想に基づき、租税協議権思想に立っているといえる。

第四条門閥を廃して片落ちたる事。「本朝門閥を廃し、既にえた・非人の名称を廃し平民同体と」なっているのに、「華士族の名称」があり、「家に俸禄あり律に閏刑あり」、「家禄奉還の華士族へ（公有地）を代価の半金を以て与う」等は、「天地の公道に基くべし」との御誓文の趣旨に反し不公平である。彼らに「若し活計の道なき」ときは、「乞食の名称」を付すとか、救育所を開くべきである。また、華士族の名称を残すべき事情のある場合は、廃止の期限を示すべきである。その場合は、「政事戦闘の二務は華士族にて担任し」、御誓文第四条並びに「天下皆兵の詔は暫時御取り消しに」なるべきである。

第七条台湾の争闘日本政府と日本人民と関係なき事。この条では台湾征討が「一般人民へ御下問なし、恐れ多くも広く会議を興し万機公論に決すべしとの御誓文に背けり」とし、その費用はこれに参加した官員の月給を以て弁じ、征討がもたらす「後来の禍福を日本国政府と日本国人民とに及ぼすべからず」とする。

これも租税協議権の問題と係わり民主主義の徹底を求めている。

第十条米相場の事。東京・大坂・下関・新潟四か所の平均米相場が、一石四円以下なら米を輸出し、六円以上なら米を輸入して、米相場の平衡を得るようにせよ。

その他、窪田が早くから関心を持ってきた教育の問題があげられる。経費の出資別によって学校の名称を、官立学校・官民学校・私学校・私塾家塾と呼称しようといい、工部省を廃して勧業寮へ合併し、その節用した費用を「文部省へ給し諸県小学の費用に分配し、先ず人材を陶冶」せよという。

このようにして、小区会で決定された建議事項が大区会に持ち寄られる。第六大区安那郡では、村の大小によって一～三名が議員となり、全一八小区で三八人が議員として出席し、八月三日に会議の役員を選挙し、四日から九日まで六日間の審議を経て二一か条が決定された。いま、窪田の指導力の大きかったと思われる十五小区の建議事項と、第六大区の建議事項を比較すると、十五小区の一六か条中、一三か条（上記重要事項として列挙した六か条を含む）が大区の建議に採用され、一四か条（分割もあり）となっており、不採用は三か条である。窪田は大区会には出席していないが、その影響が大区会でも大きな力を持っていたことが解る。

十五小区建議では、第一条で「太政大臣以下尽く撰任」となっていたのを、六大区建議では「太政大臣以下尽く公撰す」と、より明確に規定している。また大区建議では、第十一条を「地租改正の事」とし、元禄検地以降「目今の流位既往の川底より高きこと大抵六七尺、田面既往の地層より高きこと二三尺に至る者あり」とし、新地租の確定にはこれらの点を十分考慮することを要請している。

そして大区の建議も『郵便報知新聞』に送付されている。

ついで八月十六日より二十五日まで、笠岡の地福寺で小田県の臨時県会が開催される。この会議で総計六〇か条の決議が行われ、浄書して県庁に提出した。その内容は不明であるが「会議標目」として示された三五か条からみて、安那郡一五小区や六大区の建議事項とかなり共通の事項が審議されたようである。

さて、地方官会議は当初明治七年九月開催予定であったが、征台出兵等の内外事情で翌八年六月二十日から七月十七日まで、東京浅草の本願寺で開かれた。

会が終わっても矢野権令は帰県せず、九月五日依願免職となる。後任の県令は任命されず、参事益田包義以下が県政を担当するが同年十二月十日廃県となり、岡山県に合併される。それから二〇年近くを経た明治二十七年（一八九四）、窪田は往時を懐古して次のように記している。

偶矢野光儀氏と時事を論じて遂に一通の狂文を呈し、同氏職を辞して小田県亦廃せらる、実に業外に突出して後悔及ばず、是亦張良の鉄槌のみ

「張良の鉄槌のみ」とは、張良が韓の仇を報いようと、力士をして鉄槌を始皇帝に投げさせるも失敗し、それからは益々警備が厳重になったことをいう。窪田は「矢野権令に奉る書」の提出を悔いているのである。

3　蛙鳴群の結成と活動

小田県では地方官会議に出席する県令が、地方の民情を把握して上京するよう民選議院を開くことができた。窪田はこの経験を生かし、明治七年十一月、安那郡在住の苅谷実往・甲斐脩・滋野玄俊らと語っ

て、「小田県蛙鳴群《あめいぐん》」を組織し、「変則小会議の学習を」なし、その記事を『報知新聞』に掲載し、「四方高徳の士」の批判と教示を得たいという。そして「痛評・酷論・叱咤・斧斤《ふきん》を加え賜はば生前の幸福又何事か之に加えん」と。

それから一週間ほど経った十二月五日に「小田県蛙鳴群約束並題辞」が起草される。言うまでもなく、「小田県蛙鳴群」とは、小田の蛙《かわず》と語呂が良いこと、また「蛙鳴蝉噪《あめいせんそう》」の語が、蛙や蝉の鳴き騒ぐこと、ひいては下らぬ議論、または下らぬ文章を示すことから反語として命名したものであろう。

「約束並題辞」は会の趣旨を示した題辞と一五カ条の約束（規則）からなっている。（規則は当初一四条なるも後述する八年一月の星島文書は一五条となっているので訂正してしめす）。題辞の冒頭にいう。

官の為に鳴くか私の為に鳴くか、官地に在る者官の為にし私地に在る者私の為にす、是古人の蛙問答なり、而して今小田の蛙鳴なる者果して何の為に鳴くか、普天の下を以って命ずる時は官の為に鳴くべし、地券の証を以って訴う時は私の為に鳴くべし、同じく此の一小田にして分鳴せんより寧ろ合て愛国の為に和鳴すべしと、

また規則には「只群蛙一般の甘苦利害上に就き愛国を主として鳴き立つべし」（第一条）とし、「蛙鳴会は一月一度にして早朝より始め日暮れに至らずして一同退散すべし、尤も午前十時より正午十二時迄二時間法律書会読余は雑鳴すべき事」、「ただし群外飛入りの蛙も臨時和鳴勝手たるべし」（第六条）としている。そして末尾に「会日毎月十六日神辺駅興行寺・光蓮寺両所交代」と記す。

当初会員一九名で発足し、後月郡寺戸村の坂田丈平を権群長とし、坂田と沼隈郡の一人を除き後は安那郡在住者であり、その多くは、小豪農・僧侶・医師等のプチブル・インテリ層である。蛙鳴群の情報が新

聞に掲載されると入会者が増加している。

また地域的にも拡大しており、岡山県管下の児島郡天城村星島家文書中から「蛙鳴社条約」が発見された。それには、蛙鳴群の「約束並題辞」の他に、毎月十六日を会日とし、社長坂田丈平・窪田次郎の臨席を要請した上で、蘭人フイセリング述、神田孝平訳の「性法略を講義・公論・読悉して議すべきこと」としている。明治八年三月現在の入会者は六人である。これによれば、小田県の範囲を越え児島郡支部とでも言うべき組織が出来ているといえよう。また、会員の地域的拡大と共に当初会場とした神辺駅の両寺以外の地域の会場でも開催され、定例日も無くなっているようである。

蛙鳴群における第一回会合の演説は窪田の「生素説」（三章一の2参照）であり、第二回会合の演説も窪田が行い、政治問題にも関説しながらとはいえ、題名は「大麻奉仕式につき四方有識者に質す」（三章三の2参照）であった。

ところが、延期されていた地方官会議の開催期である八月が近づくと、会員の「睡夢は忽ち覚めて」蛙鳴群の討議問題は、この問題が中心的議題となったようである。明治八年六月二十一日、備中浅口郡東大島村竜城院で開かれた学習会では、社中三〇人ばかりが集まり、窪田がこの問題の提起を行っている。

その討論内容は、「蛙鳴社中地方官会議傍聴人につき諸府県平民へ告文」として『報知新聞』に掲載し広く意見を求めた。その要点は大凡次のようである。

（イ）会議の目的を示した詔書には「地方官を召集し、民情を通じ公益を図る」とあるが、県令が十分民情に通じているとは思われない。そこで政府に参議として復帰し会議を主催する木戸（議長）・板垣「両公の意は蓋し地方官に非ずして傍聴人に在るなり」と思う。

(ロ)そこでこの一府県二人以内で集まる傍聴人が「民撰議院に取り掛かり」、その設立の上で「国家第一の緊要なる租税法を確立し」てくれるであろう。
(ハ)と云っても、傍聴人は会議での発言権をもたないので、会議が終わり、「日々退散後は、必ず直ちに其の府知事・県令の処に至り、当日議事の是非を究論」し、その意見を府知事・県令が用いない場合は元老院に建白してくれるであろう。
(ニ)こうして両公は、「大いに民撰議院を開き、かの至難なる租税の直改正に取り掛かり給うの深意あるに相違なしと信ずる」。
(ホ)我々の意見はこのようであるが、他府県の人々はどうか、「高論あらば幸いに教示したまえ」と。
上述の会議から一か月後の七月二十一日、神辺駅光蓮寺で会議を開く。そこでは地方官会議を開き漸次立憲政体を立てるという詔勅の趣旨は、「中間の雲霧」のために背馳し、「政府の私会」となっていると批判する。にも拘わらず、蛙鳴群結社の意図は「一時他人に抵抗」する為でなく、「日本の人民協和一体となり」日本文化を輝かすためであるし、前会の結論は「言行過激に渉りて吾社中の品行を損じるに忍びず、大謀を乱る敗なきを保証する能はず」という、そして、これを取り消すのが「是倒れぬ前の杖なるべし」とし、「四方の同族に報じ兼ねて前議の失惜を謝す」としている。

ところが、小田県から傍聴人として上京していた第一大区(小田郡)副区長森田佐平が帰郷し、『報知新聞』の八月二十四日号に窪田に対する批判文をよせた。森田はいう。

「此の度の会議は公撰民会を成立するの萌芽と雖も今年に於いては未だ集大成を見ず、是各地方議員相議し以って然るにあらず、事創業に在るを以って勢い斯に止まるのみ、亦此の度の傍聴人は人民一般の委任を受けし者に非ず」として、窪田の意見に「疑惑」を呈している。そして窪田の言論が同年制定の「讒謗《ざんぼう》律《りつ》」「新聞紙条例」に抵触する懼れがあるともいう。

この森田の批判に対し、小田県出身で東京遊学中の大川本聴松が、窪田を弁護する一書を投じ、森田への質問と窪田の意見を促している。

このようなやりとりのあった後、窪田は十月十五日付けで『日新真事誌』に長文を送付している。それは「在東京大川本君に謝する書」と題し、地方官会議につき、彼の意見を記したものである。

先ず森田佐平の記事に感服したことを陳べ、「而して予や此の頃頓悟断然方向を変じ、只一己の医業に刻苦す」と、方向転換している様を記している。そして、「予村落現下の形状」として、地租改正の第一段階としての地押丈量の繁忙な事情、道路堤防の修築、教育・警察・兵役、さらには藩札交換等の事情を述べ、農村の疲弊して行く状況を語っている。窪田は更にいう。

大川本君愛県の至情を以って同新聞に投書す、（中略）聊か以って大川本君に謝す、予既に悔悟す君も亦多く論ずる勿れ、且つ世上官撰の君子に告ぐ、若し護国牧民の際万一分寸の暇ありて此の書を見給はば、愚民も亦帝国の一分子なるを以って曽て過て井蛙の舎密談に渉ると雖も既に自ら慙悔《ざんかい》頓悟す、以来屹度謹慎すべし、既往の論の如は自ら可否を決するの時来らんとす、（中略）之を書し以って世上に留分し誓って又筆を新聞に載せず（或る長上の厚き御説諭に従い）。

窪田は七月十一日の蛙鳴会における演説で、既に前回に発表した「蛙鳴社中地方官会議傍聴人につき諸府県平民へ告文」を、「僕諸君と更に之を熟慮し前議を以って、取り消し候也」とか、「坂田・苅屋・甲斐・滋野・田村の諸君も既に同意なれば、前議は取り消しに決すべし」と述べている。そして十月十五日付け投書で更に明確に「自ら言行を謹みて其の口実を未萌に防ぎ」とか、「世上に留別し誓って文筆を新聞に載せず」といい、そして「(或る長上の厚き御説諭に従い)」と記している。

先にも述べた、八年六月の「讒謗律」・「新聞紙条例」による言論弾圧の恐れを認識した上に、更に「長上の厚き御説諭に従」って最終的に政治批判を中止し、「平生の談論も只医術研究の上に止」まるという方向転換が行われたのである。窪田として最終的に方向転換させた長上の説諭とは何か。

ここで『明治期地方啓蒙思想家の研究』史料編に未掲載の、窪田家文書にある在東京阪谷朗廬の窪田宛て二通の手紙に注目したい。

一通は次郎の弟堅造の病状見舞い等も書かれているので、明治五年「五月二十九日」付けである。其の中で「朝廷を嫌い候様申す風聞伝播と去る春大阪に弾(正)台これ有る節、何者乎中国筋を陰謀の為説き廻り候者、少子並びに警軒(坂田丈平)も徒党之内など申して欺き候事これ有ると拝見」云々と記し、思想警察的なものが、国家組織の中に存在することを指摘し、暗に注意を促している。

二通目は前後の事情より明治八年「九月十七日」付けである。この手紙には「やにわに認む、客来る乱筆推読くれ祈る」とあり、緊急に連絡したかったものと思われる。

以下に要点のみを摘記する。

(イ)「『報知新聞』にて令公に上る書一見、諸友も刮目と申しおり候、此の間神田(孝平)令公に面会す快人也、賢擎《けんけい》等は此の令下なれば妙と存じ候」と。朗廬は窪田の提出した「矢野権令に奉る書」を『報知新聞』で読んでいる。

（ロ）「扨議員説郷民の為御周旋感服感服（中略）小子自ら説あり、曰く、西洋の議院は乱後自然に開く、開けて後君民同治之名立つ、今は其の乱れざる内に上より時勢を察し、政治の公然たるべきを知り権を抛出して議院を立て、大乱に至らずして国家を富強にせんとするを勧るは小子共の役なり、因って議院より先に上下同時と上にて決定し、然る後議院を興すべし、然らずして議会を興す、議成て行われず、唯々騒然費を生ずるのみ村里の会議はまだまだ一村一郷に付き行るべし、東京の会議は政府権を持する内は決して無益の事なり、政府権を抛出すか、乱起こり民権強くなりて然る後議と行と相戻らず之議成る、此の処つり合い御熟考下さるべし」。

長文であるが要約すれば、国政を議する国会は政府が権力を持っている間は無益である。政府が権力を抛出するか、乱が起こって民権が強くなり、議会と政府との関係において調和する体制が成立した場合には、議会は有効に作用するであろうと云っているようである。

（ハ）「何分会議は上に気に入られず、下は習れず、只御同様中間之者のみ説を立つ」この状態ではただ己の憂いを慰むるのみである。

（ニ）「賢擘も論の如く、学問開化を以って郷民を諭し、他の事は悉く度外に置き、静かに事を成すべし、機至らざる時は何ともならず、半分用いて却って害を成す事多々、時に和戦は最早論は無益也、此の上決し候上の事と存じ候、実に何れになりても杞憂杞憂」。

朗盧は窪田に対し、従来の言論は「何れになりても杞憂杞憂」とし、学問開化を以って郷民を諭す以外の事には口を出さないようにと忠告している。

ここに、窪田は「広く会議を興し万機公論に決すべし」の語は空文となり、「礼節を守り傲慢罵詈《ばり》の語を出さず」「群蛙一般の甘苦利害上に就き愛国を主として鳴き」」、その結果を記して日報（新聞）に投書し、四方有識者の評論を得たいとした蛙鳴群の活動は大きく制約される時代となったことを、認識するのである。

4　衡量算社の結成

先にみたように、窪田は九月十七日付け阪谷朗盧の手紙を、東京―備後南部の間の郵便所要日数を一週間として、九月二十四・五日には受け取り読み終わっていた筈である。そして十月十五日付けで『日新真事誌』に載せる「在東京大川本君に謝する書」を送付し、事実上、蛙鳴群の活動停止を宣言したのである。しかしそうした活動方針の転換は、七月二十一日の神辺光蓮寺集会における討論でほぼ形成されていたと思われる。朗盧の手紙はそれを更に決定的にしたものと思われる。

窪田は朗盧の手紙を受理して五～六日の間に、蛙鳴群に代わる次の活動形態を考慮し発表する。それは明治八年十月一日の日付けをもつ「衡量算《こうりょうさん》社保合録題辞」に示される。そこで窪田は直接間接の差はあっても人間の万事は衛生の外に出ないとし、その「衛生の基礎を定めんか、予憶うに人常に心中衡量算の三物を放たず、事々物々に就き我天賦の良知能を振るい、其の利害得失可否軽重彼我対象の度を較計し」という。

そして「因って暫く衡量算の三字を以って吾社中の普通号と為す」という。社名の衡は長短のはかりであり、平らにするの意をもつ、量は軽重のはかりであり、算は数をかずえ計算をすることである。窪田はまた「衡量算」に代えて、「人常に規矩準縄の具を以って、其の心意を正理す」等といっている。

窪田の文中に傍点の如き文言がみられる。

（イ）「所謂人民の返照なる政府の光線に注目し官民対象の度を衡量算定せば」

（ロ）「至誠衛生の道を脩め以って勧進誘導せば、政府頑と雖も貴族陋と雖も、豈遷らざるの理あらんや」

（ロ）「仮令秋草一旦凋零に至ると雖も亦必ず百花爛漫の春に逢うべし」

これらは、かつて窪田が蛙鳴群の「約束並題辞」で述べた「今や維新の春田に遇い春陽の風光を帯び独立並行して盛時を鳴さんと欲せば」とか、「同じく此の小田にして分鳴せんよりは寧ろ合わせて愛国の為に和鳴すべし」と言うような、維新政府への信頼感には、明らかに影がさしているといえよう。

いずれにしても、窪田は「衡量算社中現今会場左の如し」として、左記のように会場・日時等を決定している。

報天会	二十二日	備中笠岡細謹社
思元会	二十一日午前	備中（小田郡）富岡坂本氏
資生会	八日夜	備後粟根承天館
啓行会	十日	備後神辺駅会議所
晩翠会	二日・二十二日	備中笠岡南昌院
蛙鳴会	十一日	備後神辺駅光蓮寺
蛙鳴会	二十一日	備中富岡坂本氏

流形会　二十日　　　　　　備中（後月郡）木ノ子事務取扱所
博聞会　十五日　　　　　　備後粟根事務取扱所
同胞会　二十三日　　　　　備中玉島小学校

各会場では「弁議坂田丈平」「担当加藤伝作・長安八郎」の如く、討議を指導する者と、会議の事務を担当する者が決まっているが、右では省略した。

右記のうち、蛙鳴会は毎月十一日に神辺光蓮寺と二十一日備中富岡で開かれ、会名として残っている。これと並んで八つの会名が付けられているが、この中の後月郡の流形会は窪田を中心として成立した医会であり、博聞会は既にみた粟根村の学習談話会であり、これ等諸会の連合体として衡量算社は成立をしているようである。

六　夢物語と戯文

1　夢物語の意味

ここでこの期の最後に書かれたと思われる「前痴夢・後痴夢」と題する夢物語を紹介しよう。（　）内は筆者の補足。

「前痴夢」では、老農（窪田）が夏の畦《あぜくろ》より帰り、疲れた足を妻に摩って貰い午睡についた。夢をみ其の中で、秦の始皇帝のために不老不死の仙薬を求め、蓬莱（日本といわれる）に渡航した人物である徐福と蓬莱山であう。一陣の風とともにそこに蓬莱の仙女（天照大神）が現れ、徐福と仙女の間に言葉が交わされる。

仙女　汝は再び薬を求めて遠くから来たのか。

徐福　そうではありません。始皇帝は最近、軍隊を縮小し「言論の自由を許して租税平均の法を立て、外に胡を防がず、内は黔首《けんしゅ》（人民）を憐れ」んでいる。（これらは、凡て始皇帝のした事と反対のことである）。そして農業を盛んにし、小学校を起こそうとするが、その資本に苦しんでいるので、「桐苗を配賦し」それを育てて資本の助けとしようとするが、黔首は桐苗の育て方を知らない。そこで私（徐福）が、蓬莱には農業に精しい一仙人（神武天皇か）がいるので、再び童男童女を連れて再来したのである。

仙女　それは良い事である「この島中も亦太古より一株の桐樹（天皇家）あり、全島の衆生、其の影に和鳴し平和と繁栄を謳った。しかし中古からその側に一茎の藤（藤原氏）を生じ、これが蔓延して桐樹の幹や枝にからまり、人々は「桐徳の美を知ら」なくなってしまった。

ついで似て非なる桐（足利氏・豊臣氏）・木瓜《もっこう》（織田氏）・桔梗（明智氏）を生じた。嘗て一の梅花（菅原道真）・一の桐苗（護良親王）・一の楠樹（楠木正成）があり、人々はこれを賞したが、藤蔓と結ばず、「梅花は西風に散り、桐苗は坑中に枯れ、楠木は川流に沈」んでしまった。

また「此の木の下に一種の松（徳川氏）を化生し」、桐・藤を押さえつけ衆草を圧すること三百余年、たまたま東風（米船来航）其の枝と葉を払い、島樵《とうしょう》（倒幕の志士）その幹や根を覆した。これにより再び桐花の光を仰ぐに至った。
ところが衰えを意としない藤蔓（三条以下の維新新官僚）は大きくなり、「桐樹を培養しようとすれば藤蔓却って其の精を吸わんとする」。昔の失敗を繰り返さぬよう平和と繁栄を取り戻すにはどの様にするか、「朕甚だ之を憂う」、この「桐藤の抱合」を断ち切ることが出来るのは誰であろうか。

徐福　桐苗の培養に力をつくしたい。私がやりましょう。

仙女　我が家に「ほうけん（草薙剣）あり」、汝これを以って行え。

徐福　ほうけんを用いれば天下の罪人となろう。

仙女　そうではない。「所謂ほうけんは、くさをかるほうけん（鎌等を携える農民一揆か）なり」。

徐福　秦の法律は厳重で、それを帯せば巡査に糺されよう。

老農　此の時進み出ていう。私が思うに、物事には時を待たなければなりません。「他日我桐苗の為に雌蘂《しずい》を欧州に撰び、媒助法を施す時は、或いは桐根を養成して藤芽を揠曲《あっきょく》すべし、請う之を顧問（木戸孝允か）に告げんと。

仙女　一笑して天岩戸に隠れる。

徐福　使命の困難であることを知って、熊野灘に身を投ずる。

老農　驚き目を覚ます。屋内は臭く、ただ痩せた妻と病弱な子供が、こんこんと寝、寝言を言っている。一提の鎌がある。再びそれを持って夏の畦に出て行った。

ここでは、老農の言う「雌蕊を欧州に撰び」とは何か、それが問題である。文字通りに解すれば、欧州から王室の女性を日本の皇室に妃として迎えるということである。しかし、当時一部の学者によって行われていた「人種改良説」には窪田は反対である。窪田の言いたい点は、時を待って「立憲政体を欧州より導入」することであろう（後痴夢に「立憲確立」の語あり）。その方法の困難さに仙女は天岩戸に隠れ、その方法を見出せない徐福は熊野灘に身を投じたのである。

翌明治九年（一八七六）になると、窪田は「くさをかるほうけん」を帯することなく、地租改正の反対闘争に奮闘するのである。

2　老鉄艦への戯文

この章の最後に窪田の遺した戯文《ざれぶみ》を一つ紹介しよう。窪田は「己人の品行を悪めば人も亦己の品行を悪み」とし、彼は他人の間違いを正し、批判はするが、他人の悪口は言わない人であった。ただ珍しくこの期に「老鉄艦に奉る書」（漢文）なる戯文を残している。

老鉄艦は若い頃は、「時に足下桃李夭夭（若くて美しい）で、日夜瑤池（仙人の居る池）の宴を開いていた。」とし、「足下舟を漕ぐ、馬の飛ぶ如く、舟行慢慢であった」と。しかし現在は歳をとり、「頻りに皺をなぜ鼻をすすり、再び盛時の夢に泣かんと欲している」。「足下はもと弓馬の家に生まれ、一騎当千の勇を振るい、ついに東洋鉄艦大将軍の湯巻をひるがえしていた」。

そしていう。「しかし糧はつき、運はきわまり、帆を下げここに至っている。是亦兵家の常である。何ぞ咎めんや、弓が折れ馬が斃れた。宜しく連木を以って速やかに切腹せよ。（絵に描いたほど）丹青の美事とはいえなくても、また武家の面目といえよう。ここに至って尚他人の大筒に涎を流すのは、何と未練がましいことか」等々。

「老鉄艦」とはどのような人物なのか、それは舟は大きく鉄で造られ、武装して艦となっているが、すでに歳老いている。窪田はこの人物をそのように見ていたのである。この文は窪田の「記事稿」に載せられており、特定の人物を想定して書いたことは間違いない。しかし実際にその人物に送られたものではなかろう。よって我々も「老鉄艦」が誰であるのか、これ以上の穿鑿はしないことにしよう。ただ、読者が第二章二の「医院二等教授の辞任」と関連させて読むことは、著者の関知しないことである。

第四章　地租改正反対の闘争

一　小田県時代

農民に課する租税の軽減が富国強兵の基礎であるとする窪田にとっては、地租改正は大きな関心事であった。

壬申地券が発行され、ついで地租改正条例が公布されてから半年以上を経た明治七年（一八七四）三月に、窪田は「地券証名目に付き御公議伺い書」を記し小田県権令宛てに提出している。伺い書の要旨は寺社の所有地における地券発行を問題とし、「此れらの住僧券主たるを以って自分買い求め候田畑は宜しく候えど、寺敷並びに永年某寺の所有殊に先人追福のためなどに寄付仕り候田畑山林迄自由に仕り候はば、其の檀中の孝子孝孫其の哀情いかがあるべきや」というのである。

つまり住職等が個人的に買い求めた土地と、寺院敷地等のように寺院固有の土地及び追善供養料等として寄付された土地とを区別せず、画一的に住職等に地券を渡すことに民衆の信仰心の側から批判しているのである。

江戸時代の寺は、妻帯の許された浄土真宗を除いて、他宗派では寺が家として存在していなかったが、明治五年他宗派も妻帯が許され寺が家として存在するに至ったのである。それによって寺院敷地や寄付田畑が地券交付により戸主である住職の一存で処分されることへの民衆の深い危惧の念であると共に、近世初頭に一町七反余の田畑を菩提寺妙永寺に寄進している窪田家の憂慮をも示したものであろう。

この他、窪田は明治七年の七～八月頃に、地租改正に関して数度の発言をしている。例えば明治七年八月の安那郡「会議決案写」によれば、地租改正について次のように要望している。

> 先般地券（壬申地券）を賜り尽く人民の私有に帰して其の実私有の名ありて私有の利なき者あり、依って今般地租の御改正は平均公明の租法誰か感戴せざらんや、而して諸川の方法相立たずして万一旧来の水帳租税帳等に比較し肥瘠の撰びなく、高低田畑の分なく古地新墾の別なく竿先の切畝を以って新租御確定に相成ては、却って平均公明の本旨に違い人民悲嘆に沈むの情状なきにしもあらず、是租税課に於いても深く御注意くだされたく、

ここでは壬申地券が旧来の租法を据え置いたまま発行されたため、「私有の名ありて私有の利なき者あり」と指摘し、地租改正においては、安那郡において最大の問題である「諸川浚踆《しゅんしゅん》の方法（費用）」を十分考慮した上で土地の高低田畑の別、古地新墾の別、肥瘠の別等を審査して地価、したがって地租の確定をするよう要望しているのである。

窪田はこのように地租改正に深い関心を寄せながら、この時点では地租改正の中心点、即ち地価の決定が未だ現実に進行していないだけに、問題の指摘はやや一般的であるといえる。

しかし、小田県で土地の地押丈量に入る明治八年二月頃には、「国体政体」（国家体制）との関連で根本的な問題が提起されている。明治八年二月の蛙鳴群第二回会合の節、窪田は「大麻奉祀式につき四方有識

者に質す」と題する演説の中で次のように述べている。

嗚呼租税御改正の今日に切迫して国民尚未だ其の国体政体の確説をしらず、故に又（所有権）御授与の田畑より年租を上納するは何々何々の義務あるを以って何分の何を納むべき条理をたつることを知らず、又代価百分の三或いは百分の一の御指図は與へし方から独裁の理なし、何人と御盟約に相成り人民の名代議院も御延引になりたれば何を定規として三なり一なり御割り出しに相成りしを知らず

ここでは（イ）地租改正が迫っているが、国民は日本の国体政体（国家体制）の全体がどのようになっているか知らない、（ロ）また地券証を発して田畑の所有権を授与するとあるが、その田畑から租税を上納する義務はどこからきているのか、（ハ）地価の百分の三の地租、百分の一の地方税の税率はどの様な権限で決定したのか、独裁の理（独断で決定する権限）はない、人民の名代議院（地方官会議）の延引になっている時に何によってそれを決定したのか、の三点を問題としている。

そして「租税御改正（の儀）は、議院と共に暫時御延引にて」、「吾国古来政体と租税法並びに西洋の政体租税法の大略を解明するの時を待せらるるも可ならんか」と、根本的な問題を提起している。窪田にあっては、政体（国家体制）の如何と、租税制度の如何は密接不可分のものとして観念されており、萌芽的な「租税国家」的思想に立っていたといえよう。

ここで小田県における地租改正の進行事情を具体的にみよう。

明治六年（一八七三）七月政府公布の「地租改正条例」によって、従来の幕藩各領独自の旧租法を廃止し統一的な租税制度を確立することが決定された。統一的な新租税制度はつぎの諸点をその要旨とする。

（1）収益を中心として地価を決定し、地価の三％を地租、一％を地方費とする。

（2）物納を廃してすべて金納とする。
（3）年の豊凶・収穫の多少によって租額の変更をしない。
（4）地番・反別・地価・持ち主等を記した地券を発行し、地券の所有者が租税納付の責任者であること、また、売買・譲渡のつど地券の書き換えを必要とする。

小田県では、明治七年四月、地租改正総代人の選挙を指令しているので、ほぼこの頃から地租改正の準備を始めたとみてよい。七年十一月末、大蔵省に「地租改正着手の儀に付き伺い」を提出し、「先ず第一に実地精覆に調査し、土台を確乎と相定め候上収穫・地価と漸次取り調べ方申し達し候積り」と、その方針を述べている。ついで八年三月、管内に「告諭大意」を発し、地租改正の趣旨と反別取り調べの心得を示し、同月「地租改正着手心得書」を布告し、この段階で実質的に調査に入ったと思われる。

このとき県庁は大蔵省に伺い書を送り、そのなかで「見込之事」として、（1）地租改正は八年中に成功すること、（2）反別は南部で二割以上、北部で一割以上増加すること、（3）新地租は旧貢租に比して減税にはならないこと、の三点が述べられている。こうして県庁は八年二月二十六日に「実地丈量着手」を命じている。

地租改正はまず土地の丈量から始められる。土地は六尺を一間として測量するのであるが、一筆ごとの耕地・宅地の面積を正確に測量することはかなりの技術を要したと思われる。福山周辺では専門的な測量技術を身に付けた測量師が一部の村々で土地丈量を請負い、測量と地図の作成を担当したものもあったと思われる。そして七月より中央の地租改正事務局出張官員を交え、村々に入り、十月まで最終的な「量地点検」を行い、一部では「丈量再調」が命ぜられている。このような「再調」の命令は、測量師に請負わすことのできなかった村々において、村民の測量技術が未熟であったため出されたものであろう。

窪田次郎が記した安那郡粟根村における表現を借りれば次のようである。

測量学に通ずる者なく数日の困難を極めて漸く其の秀民を抜き出し、種蒔きの権兵衛縄を引けば芋堀の頓作図を画き度々御検査の上度々改正し、一昨年明治八年の春より冬に至り長大息と共に卒業仕り候

農民にとって土地丈量が大事業であったことが理解できる。と同時に、福山地方では元禄十三年（一七〇〇）検地以来の一斉丈量であり、大量の土地面積の増加―事実、小田県全体では約五割の反別増加となっている―が租税の増加となることを恐れる気持ちがあったことも否めない。安那郡二八か村平均では新反別は旧反別の三六・三％の増加となっている。粟根村では旧反別四九町余に対し、新反別六五町弱で、一五町八反余の増加（増加率三二・四％）となっている。幕藩制下に農民たちが営々として新開・切添・畦畔の土積みから石垣積み等によって開発してきた土地が地券の交付と引き換えに課税対象に繰り込まれた訳である。

一方、小田県庁の手で地価算定に使用する米価・塩価として、明治三～七年間の米価・塩価の調査も並行して行っている。これに基づき、八年十二月政府に伺いを出して許可をえている。これにより米価は、備後六郡のうち、深津・沼隈・安那・品治・芦田の五郡は第一等の地として一石当たり四円八一銭となり、神石郡は「無類の辺陲」の地として第三等となり四円〇二銭となっている。

ついで、新地租の課税対象となる地価の算定がおこなわれる。地価はまず収穫量の把握のうえに成立する。しかし、田畑一筆ごとに収穫量を決定することは困難であるので、田畑宅地ごとに等級を設け、同一

等級は同一収穫量とした。そして収穫量から米価によって収穫代金をえ、それから一五％の種子肥料代と、三二％の地租・地方費を差し引き、残金を六分の利子になるよう地価を算定するのである。

このため、小田県は収穫・等級の調査を指令した。小田県では「収穫の多少のみを以って」する乙の等級と、「収穫を基本とし其の地の便否耕耘等の難易を計り代価」を調べる甲の等級の二様の等級をたてておき、そのうえで「一筆限り地価取り調べの儀は追って相達すべし」としている。そして、甲乙二種の等級を組み立てるため、あらかじめ村々で投票人を選出しておき、これに保長や各土地の持主を立合わせて一筆ごとの等級をきめてゆくとする。その際、一村内では、ほぼ一一等程度を目安とするという。

二　岡山県時代

ところがこれより早く、小田県権令矢野光儀は地方官会議に上京のまま、八年九月、依願免職となり、その後参事益田包義と内務省より赴任した権参事津田要が県政を担当していた。そのうえ、「最早実地丈量も相済み、改正事務局主張官員協議の上目今収穫地価取り調べ中にて、遠からず新税取り極め相伺い候運び」といわれる時点になって、すなわち中央官員との折衝で全管内の目的額（反当平均収穫量）の決定にかかっていたと思われる時点になって、十二月十日に小田県は廃県となり岡山県に合併となった。

この年、岡山県（備前国）は県庁と地方豪農層との結合によって独自な地租改正を意図し、中央政府の示す目的額を拒否し両者は鋭く対立していた。政府は岡山県権令石部誠中を依願免職（事実上馘首）にし、代わって薩摩出身の高崎五六を県令に任命した。高崎県令は着任と同時に奏任官を除き県官の一斉辞職を要求し、改めて県令の命令を遵奉する者を採用した。そして、農村に対しては目的額を受諾するまで稲の刈入れを禁止し受諾を強要した。こうして、高崎は「鬼県令」と称されたが、小田県も「鬼県令の管内に帰する」に至ったのである。

岡山県改租を完了した余勢をかって、高崎県令は明治九年（一八七六）一月二十一日、旧小田県下の各区長を笠岡支庁に召集し、「地租改正の趣旨を説明」した。ついで次のように「目的額」（内示額）を配布した。

一、旧小田県管内に於ける田の収穫は備前より二分劣り、一反歩平均一石五斗一升二合とす
一、畑は備前より五分九厘上がり一反平均六斗五升とす
一、宅地は一反歩平均五十円とす

これに対し、各区長は連署して「御目的御垂諭の上は、必死を以って国家の為御請け申し上げ奉る意味の請書」を提出したのである。

これを各郡に配賦するため、二月一日から五日まで五日間にわたって笠岡町威徳寺において県会が開かれることになり、各大区からほぼ正（副）区長、戸長二名、惣代二名が召集された。安那郡の出席議員は次の通りである。

諏澤熊太郎　　池田真三郎　　細川貫一郎　　坂本忠平

議事の内容は次の三件であった。

一、郡々釣合いの事

一、郡々田畑差米の事

一、郡々田畑差米議決の上各郡の収穫米を賦課の事

議会はまず田方の等級を決定した。畑方の等級は「衆議紛々として決せず、遂に県令の裁決を乞」うた。つぎに宅地の等級を決定した。最後に各等級に応じて差米・差金の額を協議するに当たり、「議論百出底止する所を得ず、遂に意見の異なる点を明らかにして県令の裁決を請」うた。二月五日、県令は諭告をつけて「決定額」を発表した。「諭告文」には次のようにいう。

其の議する所至当を得て議決するものあり、或いは至当を失うて議決せざるものあり、是においてか衆議県裁を仰ぐに決定す。故に今止むを得ず其の確定を示すこと、別楮記載の如し。衆議員其の能く之を了知し、人民をして誤解の患無らしめよ。

いま、小田県下各郡の田・畑・宅地三種の等級差米（金）・平均収量（地価）を示せば表四—一のようである。

これに対し、各議員から「異議なき旨の請書を提出」して五日間の会議は終了した。小田県ではこの段階、各村において収穫地価の調査中で、各村とも等級収穫調査はほとんど完了していない。したがって小田県では下からの調査を完成せず、上から政府—県—郡—村—（等級）—一筆と収穫・地価を配賦してゆくのである。

郡等を審議する県会に続いて、村等を審議する郡会が開かれた。この段階になって上からの露骨な収穫・地価の配賦に対して抵抗が起こってくる。

笠岡における県会において、田方反当平均収穫量一石四七四、畑方反当平均収穫量七斗二八、宅地反当

表四―一　小田県耕宅地収穫地価内示額

郡等	田方			畑方			宅地		
	郡名	差米	平均収穫量	郡名	差米	平均収穫量	郡名	差金	平均地価
		合	石		合	石		円	円
1	都宇		1,874	窪屋		.968	都宇		60.90
2	窪屋	50	1,824	深津	75	.893	窪屋	2	58.90
3	浅口	120	1,704	沼隈	50	.843	浅口	1	57.90
4	深津	10	1,694	芦田	20	.823	賀陽	3	54.90
5	沼隈	50	1,644	都宇	25	.798	沼隈	1	53.90
6	賀陽	20	1,624	賀陽	50	.748	小田	1	52.90
7	品治	70	1,554	品治	10	.738	芦田	2	50.90
8	小田	50	1,504	安那	10	.728	深津	1	49.90
9	安那	30	1,474	下道	30	.698	後月	3	46.90
10	芦田 後月	20	1,454	浅口	30	.668	品治	1	45.90
11	下道	40	1,414	後月	20	.648	安那	1	44.90
12	上房	130	1,284	小田	10	.638	下道	1	43.90
13	阿賀	50	1,234	阿賀	100	.538	阿賀	4	39.90
14	哲多	60	1,174	上房	05	.533	川上	2	37.90
15	川上 神石	120	1,054	川上	30	.503	上房	1	36.90
16				哲多	40	.463	哲多	2	34.90
17				神石	80	.383	神石	5	29.90
平均			仮米 1,512			仮米 .650			仮金 50.00

地価四四円九〇の配賦を受けた安那郡は、引続いて郡会を開いてこれを各村に配賦することになる。いま各村毎の田方反当平均収穫量と地価を示せば表四―二のようになる。

安那郡では郡平均一石四七四を配賦するために郡内二八か村を、最高一等の平野村一石八六六から、最低一九等の北山村八斗八六にいたるまでに一九等級に区分し（一八等級は該当村なし）配賦したのである。その際、一二等までは反当収穫量を五升ごとの差に区分し、それ以下は若干差を大きくしている。同様にして畑方は等級一三段階、宅地は

表四－二　安那郡田方反当収穫・地価等級表

	反当平均収穫量	村	反当平均地価
	石		円
1	1,866	平　　野	76.30
2	1,816	上　竹　田	74.27
3	1,766	下　竹　田	72.22
4	1,716	八尋・〔上御領〕	70.20
5	1,666	法成寺・〔中野〕	68.14
6	1,616	下　加　茂	66.10
7	1,566	〔上加茂〕	〔64.05〕
8	1,516	川南・八軒屋・十三軒屋	62.00
9	1,456	湯野・粟根	59.55
10	1,406	西　中　条	57.52
11	1,356	徳田・道上・箱田	55.47
12	1,306	川北・下御領・〔東中条・芦原〕	53.43
13	1,236	三　　谷	50.56
14	1,186	山　　野	48.53
15	1,106	百　　谷	45.33
16	1,066	矢　　川	43.61
17	1,036	十九軒屋	42.38
18	?		?
19	886	北　　山	36.27
平均	1,4748		60.30

実等級一七〜一八段階に区分したと推定される。

　このような方法で目的額が配賦された場合、旧貢租を地租改正の基準米価一石四円八一銭によって換算すると安那郡二八か村全体では新地租が四・五％の減租となっている。ついで明治十年の減租（地価の二・五％）によって平均二〇・四％の減租となるのである。粟根村の場合、地租が地価三％の場合六・九％の減租となり、明治十年以降の地価二・五％の場合二二・四％の減租となっている。粟根村では一応六・九％の減租となっているが、これは形式上のことで農民の米穀市場への関り方如何、すなわち農民が地租改正基準米価一石四円八一銭をわずかでも下回って米を売却すればこの減租は消滅するのである。ましてや「旧藩政の時頃は検見法を以って減租せられ且つ別段用捨米の仕向けありしも、八年の改正以降は決して非常罹害と雖も減租の成規なく」という現状では、減租の実感を受けないのではないかと思われる。

いま一つ重要な問題がある。旧福山藩では、元治元年（一八六四）の場合、正租を一〇〇とすると、それに加えて雑税が六・三徴収されている。しかし地租改正の下では、地租（国税）が地価の三％と、地方税（実質殆んど府県税）が地価の一％の、合わせて四％となっている。上記の地方税を加えると安那郡および粟根村共に明らかに増租となっているのであり、これによって明治九年分は納付される。従って此の時点では、地租と地方税の両方によって増税感を持っていたことは明らかである。このような状況下で、安那郡内でも、三谷・東中条・粟根・西中条・八尋・下竹田・湯野・上御領の諸村で激しい反対運動が起こるのである。

こうした地租改正に対し、明治九年に全国各地で農民の激しい抵抗運動が起こり、政府は譲歩して明治十年分から地租二・五％、地方税〇・五％の計三％となるのである。

さて、郡会で目的額を配賦してから約一か月半を経た明治九年四月八日付けの岡山県支庁地租改正掛から安那郡区長中への通達文には、安那郡下で、三谷・東中条・西中条・八尋・下竹田・湯野・上御領の七か村がまだ「反米金賦課之請書」を提出していないが、明九日に取り纏め進達するよう、もし、苦情等があれば理由を記して提出せよといっている。請書未提出の西中条村では、同八日請書提出の延期を申請している。理由は、村内で一名が苦情を申し出て調印ができないので、副区長に出張説諭を仰いでいるという。他の村々もほぼ同様に苦情人による調印拒否によって請書が未提出であったものと思われる。

本来、地租改正の法令によれば、村々で現実の収穫を調査し、農民みずからが地価を算定し、官がこれを検査して決定すべきものであった。しかし、小田県においては、そのような十分な手続きを経ないまま、国家財政の確保を意図する政府によって、前述のように上から目的額としての地価を強制し、県—郡—村—（等級）—一筆と配賦していったのである。したがって地価決定にともなうもろもろの矛盾が末端部にしわ寄せされ、堆積していったのである。

明治十年四月に至り、沼隈郡高須村の一農民が畑地を「地価過当にて指し続きかたきに付き上地之儀」を申し出ている。県庁は地租改正事務局の指令をえて、一村の地価総額を据え置いたまま、村内の耕地に地価の再賦を指令するのである。そして、県庁は「右高須村類似の件郡村より陸続申し出に付き」、その対策を政府と協議している。事実、十年九月には、安那郡百谷・北山・東中条・西中条・三谷の五か村でも「実際登量の収穫を以って地租を弁出する能わざるより民間至宝の不動産を断然擲棄《てきき》の場合に至る」と訴え出ているのである。

また、明治十四年（一八八一）には沼隈郡藤江村が畑宅地の地価修正を申請し、十五年には芦田郡上有地村で、農民二五人の所有地が地租改正の際に誤謬によって過当な地価をうけたと称し、一村の総地価を据え置きのまま自主的に村内で地価の再配分を行っている。その後も続く地価修正運動は、このような地価決定の矛盾を部分的にせよ解決しようとするための努力であった。

さて、ここで窪田次郎に指導される粟根村の地租改正反対闘争についてみよう。粟根村の場合、明治政府の意図する租税体系と異質の租税体系を構想していたとおもわれる。それは指導者窪田次郎の構想する民政論に深く根ざしていたのである。

明治九年二月二十一日付けで、折から開かれていた地租改正のための安那郡会を傍聴していた窪田次郎は「傍聴の余暇勧農社中藤井平次・井伏民左衛門・丹下静一八九名相議し」、「備後国安那郡粟根村農民費用平均見込表」を作成し、「地租改正議場名代人諸君」宛てに提出している。序文において粟根村の位置から始めて地形、土地条件、地味、気候、農作物の種類と品質の特色、戸口、衣食住の生活事情を述べ、「会計表」の作成と提出の理由につき「広く救農の策を求め且つ会議所の参考に供せん」としている。

ついで粟根村一戸平均の詳細な収支表を掲げている。いま要約した表を示せば表四―三のようになる。

地価算定の参考として作成されたこの表の特徴は次の諸点であろう。

表四－三　安那郡粟根村農家（平均）収支計算表

現況				
		反		人
1戸当り	田	4.029 余	男	2.69
	畑	.825 余	女	2.20
	計	4.924 余	計	4.89

収入		支出	
	円		円
穀類	44.0596	飲食	49.2282
野菜	4.6232	飲食器具	0.7098
綿	0.1770	衣類	17.8112
牛	0.1250	家宅	1.2179
茶	0.0018	雑具	1.7260
楮	0.0015	農具	5.1858
桑	0.0125	雑費	22.6250
菓物	0.0230	（うち肥料	10.000）
計	49.0236	日役	4.5000
		（小計）	103.0039
「農事の余暇は薪炭の運賃其他些少の雇金」等にて不足を補う。		貢租	8.4461
		民費	2.8168
		（小計）	11.2629
		外に、戸別村費、山藪年貢、警察費、学校費、郡費、雑費	

(1)地価算定のために作成された類似のいかなる表よりも、農民の生産物、使用・消費の諸物品、代価等が詳細に示されている。
(2)政府の地価算定に使用する検査例（公表されていない）と対比して種子・肥料代（肥料代は生活諸費に含まれている）および労賃などが十分明確でない。
(3)したがって、反当の稲作収支表として作成されたものではなく、平均的農家経済をトータルに表示しようとしている。
(4)表示外であるが、米の反当収穫量は約一石三七七で村配賦の目的額より七升九合少ない。
(5)農業生産物代金四九円余をもっては生活諸費、一〇三円余、及び貢租、民費一一円余を支払うことは絶対にできぬこと、したがって、「竹木を私有し薪篏《しんかん》（たきぎ・くびかせ）・家宅等自用の余聊か鬻《ひさぎ》て雑費の一分を助け」また、「農時の余暇の薪炭の運賃其の他些少の雇金を集めて納金に奔走し」ている。
(6)栗根村農家一戸平均として五反弱の耕地をもつ農家を措定しているが、栗根村の農家の現実の土地所有状態では、この農家にほぼ類似するものは、戸数一二〇戸のうち地価三五〇円未満～二五〇円以上層（推定反別五反以上層）で八戸に過ぎない。政府の地租改正条例が、形式的な平等を確保する基準として反当の地価という形式を執っているのにたいし、窪田は農民の担税能力の有無に視点をおいているのである。そこに後述するように県官安達清風によって「机上の空論」と反言される弱点をもっていたといえる。
窪田次郎は右の表に続いて跋文を書き、小田県の県会・郡会の名代人が公平であるのに「官民の対称」

ぬ事情があるのかとして次のように問う。

然らば則ち別に云々の事ありて愚民等も亦涕を振るい死を決して天恩に報い奉るべき義務あるか、大聖明治天皇陛下鋭意欧米に対峙したまわんとす、知らず欧米の地租は果して此の如きか、世の論者口を開けば必ず富国を説く、知らず其の富国なる者は果して何物か、（中略）因って識者に逢う毎に異邦の租税法を問うに皆曰く、酒烟草（たばこ）等有害無益の物品に禁止税を課するを聞く、未だ農に賦するに禁止租を以ってするを聞かずと、予吾栗根村を以って考うるに、日本の政論は禁農に在るが如し、人民尽く出交易の道を学ぶべきか、

そこには窪田次郎が明治三・四年頃より唱えてきた、農民による富の蓄積（民富の形成）こそ真実の富国であり、国民の多数を占める農民の富の蓄積、従ってまた国民の基本的生活を支える農業の健全な発達こそ富国の基礎であるとする思想がある。そしてこのような思想に照らし農民に高負担を強いる明治政府の政策を「禁農」にあるとし、彼の提唱する「勧農」による富国策と、明治政府の推進する「禁農」を手段とする富国策を対置させ鋭く批判しているのである。

さて、郡会の席において栗根村総代人藤井平太・水草利市・藤原治郎兵衛等は、窪田次郎と勧農社中の作成した「会計表」を根拠に、目的額が「過当」であること、栗根村は「水旱共に難渋の村柄」であり、地租改正後は「旧来官費を以って仕来たりの場所も八九は民費と相成る」事などをあげ、「御配当の収穫（収穫量）に大きな差違のあるのは何故かと問う。そして政府が農民に対し特別に高負担を強いねばなら

御受け仕り難き旨」を申し立てた。ところが、結果は次のようであった。

岡山県令高崎五六殿御代理安達清風殿御出張に相成り、難渋の始末は一応聞き取りたり、何分議場の

言は皆空論なり、実地施行の上弥《いよいよ》凌ぎ難き節は明細申し立てるべし、先ず此の場は此の儘請書差し出すべし、若し尚抗拒《こうきょ》致さば村方へ引き取り錦の御旗を相待つべき趣御厳談に相成り、粟根村の小民頑愚と雖も父母と仰ぐの政府に向い豈朝敵同様の振る舞い仕らんやと止むを得ず御受け仕り

そして、「御成規の請書に捺印仕り、其の翌日安達清風殿旅宿へ粟根村傍聴人を召し出され窪田次郎より郡会へ差し出し候粟根村農民平均会計見込表の儀に付き厳密なる御尋問中、藤井平次・窪田次郎等御失言の廉もこれ有りと認め候にや、遂に論究に及び候議も之あり」と述べられているが、「論究」の内容がいかなる点か詳細は不明である。総代人・傍聴人等は「帰村の上逐一申し聞け、是迄人民私有の権利迄御付与の御政体に引き換え、其の土地の貢租は兵力をもって御賦課にあいなるとは如何にも疑惑すべき圧制の御説諭なりと一時打驚き候え共、実地施行の上弥凌ぎ難き節は明細申した立てるべきとの御詞もこれ有るを味わい」、政府の「信義」を信じて村民と共に妥協した。

一連の過程における「尚抗拒致さば村方へ引き取り錦の御旗を相待つべし」との一言は、窪田次郎と粟根村民の心理に深い疑点を残すのであった。翌年三月「山林丈量延期願い」のなかで、次のようにいう。

且つ一小村一二〇戸の小民収穫御賦課過当の苦情を申し立てる儀、若し果して国事犯に該《あた》り候えば、二三の巡査にて捕縛し給うべし、然るに堂々たる大日本帝国神聖天皇不逞御征討の錦の御旗を御差し向け抔とは余りの御軽挙、実に帝威を辱め奉るの義、県令御代理の御口上には至当とも思い難く、

なお、地租改正の事業が完了しない時点の明治九年四月十四日、備後六郡の広島県への移管が行われる。但し改租事業のみはそのまま岡山県で行い、九年九月の改租完了を待って移管される。

三　広島県時代

明治十年一月、政府は前年の伊勢暴動等の大一揆を受けて減租を断行した。同月粟根村民は広島県令藤井勉三宛てに次のような願出を出している。すなわち、「昨九年二月に至り政府にて収穫の惣高御決定の上、県会・郡会と順次御配当に相成り」、粟根村は土地柄不相当の収穫を配賦され、「昨九年も旱魃損作と相成り米価は上納相場と大いに齟齬」する条件の中で、「仮令地租は百分の一に相成り民費は千分の一に相成り候とも収穫の不公平は終天終地医すべからず」とし、前年の「収穫御配当は如何にも感戴仕り難く」、よって「収穫の御改正」をお願いすると。

これに対し二月十九日付け広島県福山支庁印のある指令は次のようである。

書面の趣昨九年五月太政官第六十八号公布（不服村の地価を近傍類地との比較により決定する）の趣もこれ有り、加うるに一応承服の上請書差出、今日に至り如何様の苦情申し立て候とも決して採用相成り難き筋に候条、此の旨相心得区長に於いて懇篤説諭致すべく候事

ここでは、人民が地価の申し立てをし、官がそれを検査する方法を取らず、政府が決定した一県単位の平均収穫量（内示額）を配賦したことの不当性については一切言及せず、加えて「実地施行の上弥凌ぎ難き節は明細申し立つべし」の条件を無視し、「請書を差し出し」たことの有効性のみを述べている。

この指令を受け取った粟根村の状態は次のようであった。

右の御指令を拝見し扨《さて》は今日迄大日本明治聖政府は神祖正統の真政府にて、其の御官員は旧藩治貪佞《どんねい》偽りの俗吏と違い信義誠実の御保護成し下され候事と思いの外、人民御保護の元素にして国家の大本聖政御改革の極最大事件なる租税御改正の御説諭すら尚猶其の権謀詭術此の如きかと一同驚愕寒心仕り候、右郡会の節押して北山村・百谷村・中条村・三谷村・芦原村等の隣地に比較し太政官第六十八号公布の通り近傍類地等の比準を取り相当の御配賦願い立て候はば、仮令身は錦旗の下に相果て候とも其の御配賦は斯迄四隣に超越の過当は有るまじく、確証限りの御採用とは兼ねて承り及び居り候に、請書調印は愚民等無二の失錯終天の遺憾と、落涙を抑え太政官第六十八号の公布を初め其の他右関係の布告書等愚盲ながら繰り返し読み返し昼夜拝閲仕り居り候

ここでは「旧藩治貪佞偽の俗吏と違い」明治維新政府とその官吏への期待が大きかっただけに、「極最重大事件なる租税御改正の御説諭すら尚猶その権謀詭術」を使ったことへの驚愕の念と、収穫配賦のとき「仮令身は錦旗の下に相果て候とも」正当な配賦を受けていたならばという「無二の失錯終天の遺憾」という反省の念とが表されているのである。

なお、窪田次郎は九年後半頃に、九条よりなる質疑書〈無題〉の草稿を記しているが、提出には至らなかったようである。地租改正に関係する箇条についてみると、(1)芸娼妓権妻の「相手は如何なる怪物」かとし、この「冥頑不霊の人民」が使用する「右燕楽懽笑の資本元素は何者より出て」いるか、(2)地租改正は「民に労逸の偏無からしめんが為との」布告があったが、結果は「民に大労逸の大偏を引き起こし」ているとし、「一旦強圧を受けしにもせよ請書調印の上は本年二月十九日の指令の如く明治聖政府に於いて御取構えこれなく、これ等の儀は天皇陛下固より此の御胸算有らせられ候義に御座候か又は中途

御変慮」となったものか、または太政大臣以下中途の官員がそのように運んだのかと質問している。

明治十年三月、粟根村は月番十長一二名の連名で広島県令に「山林丈量御延期嘆願」を提出している。要旨は粟根村における地租改正問題の来歴を述べたあと、現在「全く村方の疲弊」していることを理由に、近々開始されるであろう山林丈量を「数年間御延引」されるよう要求したものである。田畑宅地に続き地租改正・地券制度を完成させるため、山林原野を含む「全土測量の義は政府御必要の御急務とは万々恐察奉り候得共愚民等是まで浮文虚明に疲弊を極め暫時休養生息」したいというのである。そして、これによって、「飢寒は追々其の身に迫り父母兄弟妻子離散の期に至り田畑全く荒蕪となり国民片時も忘るべからざるの愛国心も消滅仕り所謂人道の義務責任なる者も亦再び地を払い」という状態を未然に防ごうというのである。

翌四月、粟根村民は山林丈量の方法および費用消却の方法について協議を始めたが「愚民共未だ了解仕らざる条件段々これ有り、其の内差当り左の条件相分り申さず候ては協議の方向も相立ち申さず候」として、月番十長一二名連名で一二カ条の伺書きを提出している。

第一条では、「租税平均」という事は、予め税額を地租と商工税・物品税に配分して賦課することか、そのような配分はなく、ただ「禁止」策と「勧奨」策の方針に従って賦課するものか、地租は最も重く、酒烟草芸娼妓等より、一層禁止策がとられているものと思われるが。

第二条では、地券による土地私有の権利・義務の限界は、土地私有とは名目のみで其の実土地の権利は凡て官に属するのか。

第七条では、土地に地租・民費・貧民救助の寄付等が掛けられると土地は放棄されるに至る。「人民私有の名目にも耐え兼ね」て上地にいたるときは地券面地価で政府が買い上げるのか、無代上地か。

第八条では、富国とは政府の富国か、官民共々一体の富饒をさすのか。

第十条では、政治は政府の便利のためか、官民共に便利となることを目指すのか。

その他、地方民衆にとっての具体的事項が質疑されているが、それらの全体を通じて地租改正を中心とする政府の専制的政策全体への鋭い疑問を投げかけている。そこには農民のもとへ「民富」としての一定の余剰を確保し、その「民富」を基礎として国家の富強と経済の発展・民生の安定を図ろうとする思想が根底にあり、専制政府の主導になる高地租を収奪し、官僚・政商等を中心主体とする上からの近代化と鋭く対立しているといえる。

なお、上記二つの嘆願・伺書きは、粟根村月番十長一二名の連名で提出している。そして伺書き指令には、「(月番一二名)別紙伺書き毎条故らに難問を設け苦情を述べ、官府を嘲弄する語意明瞭」とし、「一二名の者平日の品行心得方等取糺添えて申し出ずべき事」と指令している。月番十長は村内十戸組の長で毎月順番に交代しているのであり、粟根村代議人会で決定したことに署名しているに過ぎない。「品行心得」等には関係なく巧妙な体制を取っているのである。

その後も、明治十四年(一八八一)年一月に至り、安那郡山野村を初め一〇か村連名で「地租御改正願」を提出し粟根村もこれに加わっている。八月に県官が出張説諭し、村民は「数度集会協議」したが「屈伏」に至らなかった。九月に至って郡書記等の説諭があり、地価再改正の予定される明治十七年に至り政府に伺書きを差し出すこととして「一応屈伏」し、他九か村と共に願書を取り下げている。

なお、地租改正期には府県の統廃合がしばしば行われていた。しかし備後六郡のように、小田県(地押丈量）―岡山県（地価配賦）―広島県（山林改組）と、三県に跨って行われた所は極めて珍しい例であろう。

高負担を背負わされた栗根村の農民は「家計節倹」に務めて自らの没落を防ぐしかなかった。折からの松方デフレ政策の中で、明治十六（一八八二）年十月より向こう一か年間の期限で（一か年後に廃止か継続か協議する）「家計節倹法盟約書」を取り結びその実行を確約する。「盟約書」は地租改正に引き続き、「既に去る明治九十両年の大旱害に農民殆んど困難を極め余嬴《よえい》を食い尽す而已ならず借財を重ね未だ旧借愈《ま》さるに、本年亦七月初旬より九月下旬迄凡そ八十余日間降雨なく」、人々は「水潦に多分の費金を要し」たが、作毛は「田方平均一分四厘、畑方は皆無」の状態となり、「地主は地租を納るに足らず、小作人は水潦費用を償うに足らず」という「目下の窮乏」から、「大小民」を救うために締約されたのである。

そこでは、「家業を怠る」ことの無いように各自注意し、さらに組合で怠惰の者には説諭する等の他に、村内の一切の「講」を休講にし、諸勧進の寄附等を断り、神事・仏事等の集会や酒宴を減少して節倹に努めるよう申し合わせているのである。

四　租税改革論の特徴

ここで窪田次郎の租税改革論の特徴についてみておこう。

第一点は、窪田次郎の租税改革論の階級的・階層的立場についてである。栗根村における農民土地所有の状況を階層別にみると、村内には推定二～四町歩を所有する小豪農層九人、五反～一町五反歩を所有する自作（中堅）農民層二七人、五反未満の小作貧農層約九〇人（階層表では五反未満一一九人となっているが同一家族内の土地所有者約三〇人を含むと推定）となっている。土地所有上相当程度の階層分解がみられるが、それでも上層農民も所有地の大部分を自作する小豪農層に止まり、大地主・大豪農とみられるものは存在しない。窪田次郎の表現を借りれば「米食は衰老沈痾《ちんあ》及び五歳以下の小児に止まり其の余は概して麦食なり、然れども純麦を食すること大率一日両回のみ、其の他は蚕豆、薩摩芋、雑穀団子を合食し、或いは雑菜、雑菓、雑穀の雑炊を食す、（中略）村中やや滋養の食を食する者は只戸長、保長、小学教員及び予輩僅々六七戸のみ。」という状態である。

窪田次郎自身は家が幕政末期に一時没落したとはいえ、地親的な小豪農の出自をもつものであり、明治八年に地価四〇二円八四銭（推定七〜八反歩）の土地を所有していた。彼は医者であったので自作せず小作地として貸し出していたと思われる。そして彼は「医業を以って両備十二三郡を徘徊」し、民衆特に農民の日常生活について深く認識していた。このように考えると、彼は医者（インテリ）・小豪農としての立場と共に、小豪農から自小作農民まで含めた耕作農民の立場を最もよく理解し、其の立場を代弁するものであったといってよい。彼の作成した「会計表」が四反八畝余所有の平均的耕作農民を措定したことは一定の意味をもつものと思われる。彼の租税改革論は地租・民費の他に「寄附救助等」によって「常に削り落され」る立場、つまり没落の危険性をもつ「富民」の立場をも含めて農民的次元で「勧農」・「救農」を説き、「勧農」「救農」の実現される、従って真実の「富国」の実現される租税改革論であったのである。

第二点は、窪田次郎の租税改革論の基本構造についてである。窪田次郎の明治三年に提出した「叱正」における基本論点は、農に薄税を施し余財を持たせば（農は物品を購入し＝国内市場の広さ）、商工業も必然的に盛んとなり富国強兵が実現するというのであった。農に薄税することによって財政が不足する場合は工商に賦税すればよく、工商は機械を使用し、多数の人と交易するのでよく賦税に耐えるといい、逆に農に薄税が（国内市場が広大になり）工商が繁栄し、富国が実現するというのである。つまり、農に薄税―工商に賦税（租税平均）―富国の実現とみるのである。

地租改正反対闘争における彼の理論構成も全く前述の点と同様であって、（1）欧米並みに地租を軽くし富国を実現すること、（2）有害無益の物品に禁止税を課し、農への重税（禁止租）を排除すること、（3）商工税・物品税を起こして租税平均を図ること、（4）現在の重租では地券交付による土地所有権も名目に終わること、（5）官民一体の富饒が真実の富国であること、（6）官民共々の便利（利益）を実現するのが真実の政治であること、等である。

つまり窪田次郎の租税改革論においては、（イ）「禁止」・「勧奨」による税率の差異、（ロ）農に薄税、工商に賦税（租税平均）、（ハ）富国の実現が骨格となり、この三点が相互関連において構成されているのである。

以上にみた窪田次郎の租税改革論の骨格はどのような知識（情報）と思考を経て形成されたのであろうか。ただ、「禁止」・「勧奨」による税率の差異は関税・物品税等の知識より得たものであろう。また明治四年頃には、西洋諸国の地租が極めて低額であるという事実は海外事情に関心をもつ学者・政治家等の間ではかなり知られていたようである。窪田次郎も既に明治三年の「叱正」において、「深くわが朝の古を考え、博く英仏の今に照らし」て、「新たに賦税の法を製する」必要を述べ、さらに「是外夷の農民に薄く賦する所以」とのべている。また明治九年には「因って識者に逢う毎に異邦の租税法を問うに皆曰く」

として、欧米の租税制度に深い関心をしめしてきたことが知られる。窪田は欧米の租税制度に関する恐らく断片的な知識から、彼独自の鋭い洞察力と思考力によって改革論を構築したものと思われる。

窪田次郎は欧米における地租の薄税であるという知識から、さらにそれを発展させ富国論と結合させた点に、彼の租税改革論の独自性がある。彼は農民に薄税を施せば農業生産が進展し、国民の多数を占める農民の購買力が増進して商工業も亦繁栄を来たすとし、これを真実の「富国」と捉えているのである。そして、逆に農民に重租を強い、国民の多数を占める農民を疲弊させて、収奪した租税をもつって官僚や政商を主導力とする近代化を図っても、真実の富国強兵とならないと政府の政策を批判するのである。

第三点は、窪田次郎の租税改革論における合法主義の堅持についてである。すでに彼の民政論全般が合法的実践に止まった点を述べたが、其の点、地租改正反対闘争に最もよく現れている。明治九年二月安那郡会の席で岡山県官安達清風より「若し尚抗拒致さば村方へ引き取り錦の御旗を相待つべし」と言明されたとき、「粟根村の小民頑愚と雖も父母と仰ぐの政府に向い豈朝敵同様の振る舞い仕らんや」として「止むを得ず」請書を提出したのである。

明治十年一月に「収穫差違嘆願」を提出し、二月十九日付で太政官第六八号公布を楯に嘆願を拒否されると、村内は「実に圧制と云わん乎、不信義と云わん乎」と興奮し「言論頗る過激に渉」ったが、戸長その他「老成人の慰愉にて遂に時節を相待つ」ことに決定したのである。

彼の地租改正反対闘争は合法闘争の限界を守り、尖鋭な理論闘争に終始したのである。従って百姓一揆的な闘争を排除した。彼はいう。

時に新政不服の暴徒なきに非ずと雖も之を要するに一己の私忿を竹槍刀銃放火等に漏らす冥頑不霊の

輩にして決して天理人道に則り圧制政治に抗するの義民に非ず

彼は「時勢と人文」の発達を信じ、その潮流の中における彼のとる合法闘争の有効性を信じていた。従って彼は、後に見るように「前途を想像するに真政治の略定は明治二十年にして租税の真改正は明治二十五年にあらんとす、諸君能く薪胆に耐えて怠る勿れ」というのである。しかし、彼は自己のとる理論闘争・合法闘争の有効性を無条件に信頼し、「時勢と人文」の発達する前途に無条件に楽観していたのではない。むしろ逆に、自己のとる理論闘争・合法闘争が現実の圧制に対しては即自的に無効であることを痛感していたのである。しかし衛生・資産・品行の三大件を人間観の基本にすえ、「時勢と人文」の発達を信ずる歴史観に立つ彼にとっては非合法闘争を排斥せざるを得なかったのである。

窪田次郎が自己が有効と信ずる理論闘争・合法闘争が現実の圧制の前に即自的に無効であり、かれの指導する地租改正反対闘争が敗北したとき、その挫折感は窪田の国家観と人生観を大きく変えるのである。

殊に吾小田県の如きは小竹君は云うに及ばず桜井（小竹・桜井は地租改正事務局官員）・高崎・安達の諸君其の他改正掛の用意尽力深く之を脳に銘じ詳らかに之を書記に載せ遠く之を子孫曾玄に伝え終天終地感戴勉励せざるべけんや、況や吾郡の如きは安達君錦旗の説諭肺肝骨髄に徹するをや

さて、明治八年六月、「讒謗律」・「新聞紙条例」が制定され、加えて九月「或る長上の厚き御説諭に従い」「平生の談論も只医術研究の上に止まり」とした窪田が、半年も経たない九年二月から主要には十年四月までの約一年三か月に亘ってかくも激しい地租改正反対闘争を展開させたのである。そのエネルギーと方法の源泉は以上の見た一・二・三の三条件がもたらした情熱と理論である。

地租改正反対闘争は全国各地に大小無数と云ってよいほどあるが、その理論的レベルの高さにおいて、

窪田の指導した粟根村地租改正反対闘争に及ぶものはないであろう。

第五章　広島県移管から岡山移住まで

一　医師免許の取り上げ

地租改正の最重要点である地価の配賦が、ほぼ大勢を決したと思われる明治九年四月十八日に、旧小田県分の備後六郡が広島県に移管された。窪田はこの時点で、提出されたか否か不明であるが、「備後六郡転管願」の草稿を作っている。

転管の理由は、「右六郡は元福山藩領地にて、備中国へ親接し、人情風習も備中国に同じく、平生の交際も西八郡とは却って秦越の状態をなし、山野の形状も少なく異なり」、加えて県庁よりも離れており、民政上不便であるとしている。

同年六月二十四日、広島県令藤井勉三より窪田に対し、「公立医学校設立に付き協議に及び度」とし、至急出県するよう命令を伝えている。

ところが窪田は、七月二日に「当病上申」を県庁に提出して出県できないという。その理由は、私は少年の頃よりリューマチス性脊髄膜性炎で、しばしば刺《し》衝熱《しょうねつ》を起こし苦しんでいる。先月二十一日夜、風雨を冒して鞆へ行き、翌日波濤をつき走島に渡ったところ、リューマチスの刺衝熱を起こして帰村していた。二十四日御差紙を頂き、二十九日晩福山へ出、三十日夕方尾道へ着いたが、再度発熱、病中の乗船も山越えも不可能で本月一日帰村したという。

この上申に対し、県から九日付けで、快気後は出頭するか否か、いつ頃快方の目安かの問いが来ている。窪田はこの問いに対し、「素人の考えに能わず」とし、岡山県下の笠岡村三村立庵、玉島村の坂田雅夫、倉敷村石坂堅壮等の診断を受けに行き、なお「出行の序」に、岡山病院の若栗氏・生田氏の診断も受けたいと思うとし、その事情はその都度郵便を以って連絡すると、十五小区戸長藤井平太・同安藤勝之介に答えている。これに対し、七月十一日付け、広島県は出県に及ばないとの返事を送ってきた。

窪田がこのような態度を取った理由は、旧態医師の再教育に係わることを自身の使命とし、医学校設立には消極的であったことが、その最大の理由と考えられる。それに加えて、第一章でも見たように、安那郡は地勢上も備中との関係が深く、特に窪田次郎の母も妻も備中後月郡の出身である等によって「吉備人」とでも言うような観念を強く持っており、西隣の安芸国とは馴染みが薄いようである。そして更に明治五年以降に、小田県管下となり、窪田次郎の活動範囲が備中南部にまで拡大し笠岡や玉島等と深い関係を持つに至っている。先にみた「備後六郡転管願」を書いたのもこのような理由に基づくものと思われる。恐らく窪田は、西に向かっては尾道以西には生涯行くことはなかったと思われる。

窪田のこのような態度が、明治九年九月三日付けで、広島県より「診察調剤禁止」の命令を受ける理由となったとおもわれる。以後、医師・友人である岡山県小田郡笠岡村三村立庵が、窪田の家を借りて出張調剤所とし、窪田を雇い入れて診察を行う旨、九月五日付けで届け出ている。そして三日後の同七日には、窪田も三村立庵の雇人として診察する旨届けている。

しかし、九月五日・七日の二つの届け出は、区長の下でしばらく差し止めておき、対応を協議したようである。同年十二月、第十九大区副区長山岡運八・区長諏澤熊太郎は、困惑している状況を次のように報告し、対応に付き伺書を提出している。

（三村と窪田との関係は）実際承礼候処、書面は三村立庵出張と申条、其の実同人寄留の開業にもこれ無きに付き、次郎に於いて是迄の戸籍上雑業とこれ有るとも以後医業に改記して、且つ履歴書も差出、尤も雇人にならずして専ら自分医務の本職相営むべき様説諭に及び候共聞き入れざるに付き、次郎の届書相添え伺い奉り候、

この結果は十分明らかではないが、窪田は明治十年頃から笠岡村三村立庵の下に寄留の形をとり医療活動を続けている。それは地域住民の強い支持を得ていること、窪田は履歴書等を極めて控え目にしか書かないが、その医学・医術に対する知識・技能の高い水準にあることは区長・戸長も十分承知しているからであろう。「近来医療厳重取り締まり」の時と雖も、現実には次郎以下の旧来医療を行っている医師が多数ある中で、次郎の医療活動を全面的に禁止することは、多数の旧来医師も禁止せざるを得ないことになるのを恐れていたといえよう。

「岡山県史料」によれば、明治十一年（一八七八）一月十四日岡山県は若栗章等一八名が医術免状の下げ渡しを内務省に要請しているが、三月九日付け若栗章等七名に公付され、残り一一名には聞き届け難しとされている。その一一名の中に笠岡村寄留平民窪田次郎の名がある。

窪田は明治十七年（一八八四）末まで、三村立庵の下に寄留し、立庵の死去により、翌十八年（一八八五）二月頃までには浅口郡占見新田医師柚木《ゆずき》洋硯《ようけん》の下に寄留の形をとる。これらは戸籍上のことであり、実際

の住所は栗根村にあり、そこを根拠に医療其の他の活動をしていたのである。因みに、柚木洋硯は次郎の女婿（長女類の夫）三宅硯夫《みやけひろお》（浅口郡連島村）の母ふみ（文子）の弟である。

二　続・人間論の深化—文明の三大件

明治八年十月、窪田が蛙鳴会の事実上の解散宣言をし、ついで「衡量算社」を唱えて、編成した九の結社の中に笠岡を中心とする「奉天会」がある。十一月十一日窪田は笠岡の旧県庁の傍らの会場で、三村立庵等五人の医者に他の会員を交え奉天会を開く。そこで窪田は彼が「望診法」を発明したとして宴席を設け演説を行う（望診法については後述する）。

この演説で、窪田は彼の人間観として特徴的な、品行・衛生・資産を「人生の三大件」とする説を端緒的な形でしめしている。

先の演説から約一か月を経た十二月二十五日に、窪田は「奉天匡救《きょうきゅう》（悪を正し危うきを救う）の諸君に質す」と題した約一万字に上る書簡（印刷物）を会員に送っている。其の中で先の三大件が本格的に展開されると共に、それとの関連で彼の政治・社会観等が述べられており、それは正に窪田の人間論の確立を示すものといえる。まづ三大件からみよう。彼は「天の此民を生ずるや付与するに霊智霊才を以ってす、故に慎思明弁する時は自ら此天理人道を極むに足るべし」とし、これを前提としていう。

　夫文明の功績広しと雖も之を約すれば衛生・資産・品行の三大件なり、人天より此の万物無比の霊魂を受ると雖も身体変常すれば霊魂其の妙用を全うする能はず、例えば脳に変ありて痴獃顚狂《ちがいてんきょう》となるが如し、故に衛生は天命の第一義なり、人此の衛生を全うせんと欲すれば必ず資産なかるべからず、例えば蛮野人の衣食住を悪うして天刑病悪液質の多きが如し、故に資産は天命の第二義なり、人此の資産を保たんと欲すれば必ず品行正しからざるべからず、仮えば遊蕩賭博家の身代限りに陥るが如し、故に品行は天命の第三義なり、是を以って人五官の霊機を具すと雖も此の三義を尽さずんば何を以って禽獣虫魚とわかたんや

而して此の三者は必ずしも其の順序を以ってせず必ず相合て其の効用を全うし実に家国の鼎足をなせり、故に人若し品行の一足を折らば資産衛生何によって保たん猶奸盗凶逆の身死し家亡ぶるがごとし、若し資産の一足を折らば品行衛生何によって全せん猶餓寒廉耻を奪って獄に入り梁《はり》に縊《くび》れ河海に投ずるが如し、若し衛生の一足を折らば品行資産何によって有せん猶梅毒鼻を蝕して月給を失うが如し、故に天此の一民を生ずれば必ず附与するに此の三足を以ってし天地間万物の上に立たしむ

窪田の文章を分解して示せば次のようになろう。

（1）文明とは衛生・資産・品行の調和・発達した状態である。

（2）人は衛生を確立しなければ天命を維持できず、衛生を全うしようとすれば資産を保持しなければならず、資産を保持しようとすれば品行の正しさが要求される。

（3）この三者は相互扶助・相互依存の関係にあり、順序を持たない。

（4）この三者は人間のみならず、共同体とも言うべき家と国家との三本の足であり、いずれの一本を欠いでも、それらは成り立たない。

(5) 人間は天からこの三足を与えられ、これによって万物の霊長となっている。

ここで、窪田の「人生の三大件」と、明治八年西周が『明六雑誌』に発表した「人生三宝説」とを対比してみよう。

西は健康（まめ）・知識（ちえ）・富有（とみ）を、人生の三宝としており、窪田もこれにヒントを得たと思われる。しかし、両者を比較すれば、その差異は極めて大きい。西は「三宝は人生の最上極処の眼目に非ずして、其の最上極処の一般福祉と云う眼目を達せむと欲する方略媒介」であるという。西は三宝を一般福祉という国家・社会の目的の下位におき、相対化している。

これに対し、窪田は三大件を「天命の三義」「文明の三大件」「家国の鼎足」等とし、「人生の最上極処」におき、個人・家・国家共にこの三大件を欠けば定立しないものとしている。窪田は自然権思想の正しい理解に基づき西の不十分さを正している。

窪田次郎は満四一歳の年に、文明社会を三大件の確立とした社会とする思想に到達する。そしてそこに衛生の保持を主要な任務とする医師としての己の義務を不動のものとして自覚するのである。

(1) しかし彼が医師としての医療技術のみでなく、「政教一致の答」に示すように、人間の慾を肯定し、しかも天理の公慾を善行とし、一己の私欲を悪行として退け、「衣食住を麁悪にする」倹約に反対する。そしてさらに「生素説」において人間死後の魂の消滅を説き、一生の中に人間の努力・精進の集中を説いた。ここにおいてこれらの諸思想が三大件の下に統一されたのである。

(2) また、一か月前の「望診法発明」の演説では、人が窪田に対し役人になって「力を民事に尽すを勧む、僕曰く、力を民事に尽すは即ち僕の素志なり」としながらも、役人になって人民が絞り出す膏血をもって己が「身体口腹を穢す」ことは忍びないと言っている。彼が「錦旗の説諭」をもって「地価の虚位」に基づく「地租配賦」と戦ったのも、「農に賦するに薄きに如くはなし」という農民の下への資産の確保（民富の形成）のためであった。

そして最後にいう。

謹みて承極以来の聖詔を以って之を時勢と人文とに考え以って前途を想像するに、真政治の略定は明治二十年にして、租税の真改正は明治二十五年にあらんとす、諸君能く薪膽に耐えて怠る勿れ、僕此の説を持して西郷先生に質さんと思う

この発言は明治八年四月の立憲政体漸立の詔より一年半余りしか経っていない。そして明治十四年（一八八二）十月の十四年政変と二十三年に国会を開設するという詔勅発布の約五年前である。窪田は独特の勘で、明治二十年頃に国会が開設され、そこにおける民権党の活動によって明治二十五年頃には地租改正条例の改正と大幅な減租が実施され、もって民衆の下に資産形成が可能となる社会が到来すると想定したのであろう。

三　精神の動揺

1　政治と社会観

前節でみたような観点から、窪田は明治十二年（一八七九）中頃に、広島県を経由して元老院に「国会早期開設の建白」を提出したとおもわれる。そこでは、国家の財政や外交に種々の困難があるとし、立憲政体漸立の詔が出てから「黙々四年の星霜を経過」している。人民は、「五条の誓文、八年の聖詔寤寐《ごび》（寝ても醒めても）脳裏を離れ」ないとし次のようにいう。

伏して願くは諸公速やかに上奏直ちに国会を開き聖旨に対し玉はんことを、仮令人民尚国事に暗きも豈一家の艱難を子弟に知らしめさるの父兄ある可けんや、子弟も亦其の不省に安んじ父兄の艱難を袖手傍観す可にあらざるなり、

ここでは多分に、窪田特有の学習機会として早期の議会開設が要望されているようである。

なお、この期の窪田の思想を見る上で、注意しなければならないものに、恐らく「提出されたものではなかろう」と推測されるが、明治九年（月日不詳）の「諸件伺書草案」がある。その第四条に次のようにいう。

地租改正の義は（中略）「一旦強圧をうけしにもせよ受書調印の上は、本年二月十九日の御指令の如く

明治聖政府に於いて御取構これなし」とある。（イ）これは明治天皇がこのように考えているのか、中途変更されたのか、（ロ）太政大臣以下、および地方官吏がこのように取運んだのか、（ハ）または元老院の会議でそのように変更したのか、を質問している。

また第五条に次のようにいう。

「えた非人の名称を廃して華士族の名称を設け潤刑等の国法御立てに相成」っているのは、（イ）「御誓文の天地の公道に御基き」このようになったのか、「神道特別の区域御定め」（神は一視同仁といわれるが身分の違いに応じ神の住む区域も異なるという意味か）になったのか、（ロ）「国民を三等に分かつ時」は、交際・経済・兵制・保護・報国（例えば兵役等）の上で、どのような差異（軽重・利点）があるのかを質している。

彼は常々自然法の思想に基づき、人間の平等を謳い、士族身分等を設ける身分制の無用を説いているが、このような形でそれを質問しようとしたと思われる。しかし、以上のように原理的に全く正しい思想に到着しながら、「讒謗律」等を考慮して、かつ「平生の談論も只医学研究の上に止」めるとした宣言を顧みて、伺書を提出するに至らなかったのであろう。

2　問鼎社《もんていしゃ》の組織

明治十四年十月、自由民権運動の高揚の中で、政府は「明治十四年政変」と称される一連の処置をとり、明治二十三年に国会を開設するという詔勅を公布した。翌十五年一月十四日付けで、窪田は「渡世会話勧誘文」なる手紙をかいている。

窪田は国会開設の期限が明示されたことを重視し、冒頭で「嗚呼明治二十三年は遠に非ざるなり」という。そして国会開設の際、「睡虎臥竜（多くの人々の中から平常は静かでも本当に見識のある人）の真誠代議士を投票選挙す」るために、毎年春夏秋冬に同志が集まって人物の精神器量を分析して雑誌に記し発行してはという。しかしこのような事は、「或いは人の名誉を毀傷し、道徳法律の禁界を犯す」恐れがあるので取り止めようと。

ただし、衛生・資産・品行の三大件は極めて大事で、「凡そ人の此の世に処するや健康は艦隊なり、品行は指針にして、資産は楫檝《しうしゅう》（かじ）なり」とし、この三つが堅実に完備していれば世の中を無事に渡って行くことができる。そこで、「問鼎社中を結び、渡世会話を開き、（中略）此の三学を実地に談話して互いに其の実益を求め」子孫に伝えていこうという。

そして、会場・会期・会則等は次郎が後月郡江原村坂田丈平・沼隈郡松永村石井竹荘（石井四郎三郎）・安那郡川北村菅波序平等と相談し、後日報告するという。

なお、石井竹荘（四郎三郎・天保十四年〜明治二十四年）は松永の塩田・田畑の大地主で、明治四年の報国両替社結成の際には、副社長に名を連ねている。『松永町誌』によれば、「友人の高橋碧山《へきざん》（圭介）医師と図り名医久保田（窪田）某を聘して毎月衛生法を講じ名付けて衛生会と呼び衛生思想の普及を図った」と記されている。後にみるように窪田は明治十二・三年頃から備中・備後の各地に衛生会を創立しているので、松永でも窪田の門人高橋圭介を介して衛生会が結ばれ、毎月の集会を通して石井竹荘と懇意であったと思われる。

問鼎社に関する資料はこの一点のみで、此の会が実際に結成され、運営されたか否かは不明であるが、窪田が蛙鳴群の事実上の解散後、政治的な問題に関心を持ちながら具体的には実行できない状態がうかがわれる。

3　恩師阪谷朗盧の死

明治十四年一月十五日、阪谷朗盧が六十歳で死去し、東京谷中墓地に葬られた。二か月近く経った三月六日、朗盧は備中井原興譲館に、同館を興し、かつ初代館長として祭られた。窪田は弟子であり二従兄弟として、「朗盧先生を祭る文」を拝読している。

その中で、維新後に世の学者・政治家等は、「彼を知って己を知らず」、欧米の事物を取り入れるのに汲々としていたが、「先生の政談を追想するに、蓋し沿革（歴史の推移に従って徐々に改める）にあって、変革（一度に大きく変える）にあらざるものの如し」と述べ、その為先生は世に取り入れられない処があった。しかし先生は備中の処士（官に仕えない人）であったが「其の徳を郷党に布」かれた。門弟たちは先生の薫陶の遺徳を守ってきていると述べている。

窪田はここで、暗に先生は「沿革主義」であるが、自分は「変革主義」の方であるとし、また郷党に布かれた徳の薫陶という点では、自分が最も忠実に継承していると云いたかったのであろう。

四　医療結社と医業

1　医会の結成と活動

窪田が広島県より「診察調剤禁止」を受け、やがて小田郡笠岡村三村立庵方に「寄留」となるが、それより三か月前の明治九年六月に、岡山県は管下各郡に命じて医学講習所を設置させ、「各郡医員会同講究」の組織とさせる。

窪田はこの動きに乗じ、「小田郡医学講習社」を組織し、同社の仮会頭となっている。窪田の他に三村立庵・末長学海・小野亮・渡辺玄敬等が主要メンバーである。なお窪田の関係する結社では仮会頭とか、仮社長等のように「仮」の付く役職名が多いが、その意味は権令・権群長（蛙鳴群）等の権の意味、すなわち、正に相応しい人物を得ず、当分副で処理するの「副」に近い意味とおもわれる。

窪田は明治六年頃から各地に小規模な医療結社を組織していたようであるが、この期に入って、やや大規模化し規約をもった組織、あるいは公的な組織とする方向をとっている。それは維新以後に設立される官公の医学校を卒業していない、多数の旧来医者の再教育を目指したものであり、窪田が明治六年八月小田県に上申し設立した「田舎医生研究所」が、開業医の消極的抵抗にあって失敗した経験から、開業医の長期の時間的拘束を排除し、月一日程度、或いはそれに臨時の集会を加えた程度の研修組織であった。

窪田は明治十一年十二月、浅口郡上成村に同郡東部の医師による「私立医学講習所学而社」の結成を行い、仮会頭に窪田が、仮幹事に阿賀崎村久山保定がなり、戸長心得と連名で郡長に届け出ている。設立時の会員は二一名で、後月郡より一名、小田郡より窪田を含む三名が参加している。主要な行事は毎月一回の会日を設け、午前十時より治療書、午後三時まで診断書の講習を行っている。窪田が志向してきた典型的な旧態医師の再教育組織である。

ほぼこの時点の明治十二年二月作成の一文書で、窪田は次のように言う。「(明治六年頃より)小民結社する所の奉天会・愈止《ゆし》社・新々社・流形社・学而社・循環社・衛生社等」は、極めて初歩的なものであるが、「今日に至りて私に之を絶えて施行せざる地方の医師と称量するに、(中略)頗る実益ある者の如きを覚う」と。窪田は小規模な医会の結成による効果に自信を持ちつつあるようである。

また、明治十三年(一八八〇)十二月には、備前国児島郡医学研究会涵養社の結成を同郡長に届け出ている。同社は毎月二十四日に同志医員が藤戸村藤戸寺に集会し、「衛生の術を研究」するとしている。その費用として藤戸村星島啓三郎(明治十四年田畑一三八町歩所有)が「金若干円を投じ」この会の運営を補助している。

当初は医師三人が会員となり、会日に会頭窪田を招いて「内科提綱兼流行六病を研究」する。経費は「会頭壱人謝礼諸費一金五円の見積もり」で星島氏が寄附し、諸雑費は一会一円の見積もりで会員が寄附して会を運営している。同社は当初明治十五年までの二カ年を期間とし、その事情によって会員を増加させる方式でスタートしている。なお同社は十五年以降も活動しているようである。

明治十八年には、浅口郡医師第三組合を作りその細則・常例会式を制定している。浅口郡医師第三組合の区域は郡の西部で占見村等二一か村である。この第三組合創設により、従来からの新々社・新学社の名称を廃止している。この組織替えは従来の組織を小規模にし、集会・連絡等をより機能的にしたものと思われる。この年は前年の瀬戸内における大海嘯・旱魃等を受けて地方経済の窮乏期であり、来る明治二十年までの三か年間は「組合申し定め帯妓は勿論、酒気を帯びて会門に入るを許さず」としている。

窪田は明治十二～三年頃か、「被診者心得書」を草し、各地に設立した医会の社員に批判を仰いでいる。「心得書」は現存しないが、その緒言において、近来各地において医風改良の説が起こっているが、依然として「野師売薬児の狡計を運らし」ている者があるとし、これらを「国家開進の逆徒」という。しかし、現実には医療に対する「被診者（患者側）の慣習がなく往々疑惑齟齬を生ずる事あり」とし、草案を作り社員の刪正《さんせい》を求めている。その中で彼は二つの点を取り上げている。

一つは、治療に対する「謝金五〇銭以上と書いて確定せざる者」につき、それらは、医療上の「診査の上に於いては決して精疎を分かたず」とし、「只口述又は筆書上に於いて等差をなす者」としている。

いま一つは、「謝金一円以上と書す」場合で、これは「往復里程の長短、消費時間の多少、汚穢排泄物の検査、健全学上の探索改良其の他気候昼夜の分かち等迄悉皆含蓄する者とす」としている。

こうして、窪田は長い間「医は仁術」として料金に基準を設けなかった慣行を排し、医療における謝金の一応の基準を設け、合理化を進めていくのである。

また、明治十七年一月に「小田郡開業医士規約書」を作成している。これは県の大医会から各郡の小医会に対し「医風の改良」を図る議案が出たので、小田郡の場合につき作成している。その第一条に医師の精神としていう。

凡そ医士たる者常に生は人の為にて己の為ならずの金言を紙に書し、懇到切実以って済世の仁術を遂げ以って司命の重職を尽くすべし、苟も私利惟計り我慾惟営むが如き卑屈賤陋の行為あるべからず

そして具体的に、「先医の有無」、「後医より先医の面語を要する時」、「甲乙医士の病家に相会する」場合等の態度・処置を規定し、「治療重複薬剤過量に至る」ことのないようにとか、「数医の一患者を配療するも執匙者《しっししゃ》は先医即ち主任医一人たるべし」と規定している。

明治十一年に記した「民間衛児の一法」は、医師・薬舗等を対象として新聞に掲載したものとおもわれる。それは、備後・備中に生まれる小児に発育・成長が十分でない者が多いとし、諸要因が考えられるが、「之を要するに其の児の母体より受けし血液と乳汁とに関すること尤も多きが如し」という。そして、その矯正の方法として、「妊娠後おおよそ一百日」より「断乳の期」まで、「燐酸鉄一氏・燐酸石灰三氏・ペプシン五氏」を与えると、「僅々四五年間の試験」であるが、子供の「体格液質大いに異なる者の如し」と、その効果を認めこれを奨めている。投与薬物の前二者は鉄とカルシュウム分であり、三番目は消化剤で、これらは乳汁の良質化と妊産婦の消化機能を援けているものと思われる。

2　衛生会の結社と活動

窪田は明治十二年二月岡山県小田郡長蔵田信に対し、「地方開業医公会設置建白」を提出している。窪田はここで、彼の持論である衣食住にわたる衛生の重要性を述べ、地方税の使途についての費目に「病院・貧院・伝染病予防」の費目があって、「衛生総称の費目」のない点を批判する。当時岡山県で

は、県庁所在地岡山に病院を建てる予定であったが、これには県内僻遠の地にあって地方税を支払う住民の立場からは、多数の支病院の建設が要請されるであろう。そこで「近来下民頗る疲弊し」ている状態からも次のようにいう。

暫く支病院費を以って郡々に医会を起こし、医療衛生の二項を合議し、又勉めて其の緊要を民間に布演し、他日院長薬局（司）等其の人を得ば、直ちに転じて支病院を開くも恐らくは其の実益急進病院に勝る者あらん、

そして、この医会を「吾小田郡より始めん」という。窪田はそのため「東京府開業医大集会の規則」を斟酌して、「地方開業医公会仮規約草案」等を作成している。

窪田の建白が蔵田小田郡長によって認可されたのであろう。翌三月には「小田郡共立医会明命社創立撰定書」を執筆している。その創立の趣意を次のようにいう。

「先ず医会を設け、医師をして学術研究の余、本郡適応の衛生法を議定せしめ、以って他年の大成を企望す」。そして「人民一般の衛生法方を成就せんが為に」「医農工商を分かたず」社員とし、社員は「各応分の資金を出」し、医師は年々五〇銭を出金する。そして次のような三種の会議が持たれる。

（イ）一月・七月は社務を総議するので、社員の投票により五〇名以上の正員により会議を開く。
（ロ）其の他毎月、医師による「学術研究並びに衛生法議定に係わる純粋の医会」を開く。
（ハ）流行病のあるとき、及び病体解剖志願のあるときに臨時会を開く。

また会場においては「漢洋医流優劣の論議は堅く禁止」としている。窪田の年来の宿願である旧態医師の再教育と、漢洋医の区別なく行うという精神が現れている。

窪田が今まで結成した医会・衛生会等はすべて「私立」であった。ここで郡単位の、郡による公認の「共立」となし、医師による医会と、医農工商を加えた郡の衛生法・流行病等に対処する体制との統一した組織が成立したのである。

窪田は明治十二年中に「安那郡共立衛生会」として相愛社を組織し、仮会長を窪田として、十三年中に広島県の許可を申請している。その構成・目的等は次のようである。

本郡内村々戸長・医師・衛生委員は勿論篤志の者共、毎月十七日を期して会集し会長を置き（当分本郡粟根村窪田次郎を仮会長とす）、衛生上公布の誤解を防ぎ、事務の応用を協議し、疾病の素因誘因に大関係ある全郡一般、或いは村々戸々の風俗・習慣を主とし、総て生民不健康の萌芽を探求・芟除《がいじょ》し、其の他目下医療上の当否を研窮致し、聊か聖朝徳化之感徹を表し奉り度、

これは先に見た「小田郡共立医会明命社」とほぼ同様のものである。すなわち通例会は、一月・七月を除く毎月十七日に「医学並びに衛生法研究に係わる純粋の衛生会（医会）」を開き、一月・七月の「両会は社務を総議するを以って医農工商」の会員から選ばれた二〇名以上で行うという。

ところが、この会は明治十四年十二月に至っても許可されておらず、仮社長諏澤熊太郎・仮副社長甲斐脩・同菅波譲の名前で、「差し支え之無くば速やかに御聞届願上げ奉る」と、再届し、十五年四月に至って聞き届けられている。この間一年半を要しているが、これは「診察調剤禁止」となっている人物が、仮会長になっていることへの広島県庁の反発と思われる。後にみるように明治十二年は福山地方でコレラが大流行した。安那郡の医師は戸長達と協議し、数人の医師が数か村の「受け持ち場区分」を担当し防遏に努めている。こうした安那郡医師の積極的な活動に対しても県庁の処置は不適切との批判はまぬがれない

であろう。

窪田は明治十三年、設立間もない小田郡明命社・安那郡相愛社（県の許可未済）両社の「諸氏へ新年を賀する書」を送っている。これは四千字近い長文なので彼が愛用する印刷文によるものと思われる。それは、「人間万件の事務悉皆衛生の一源より流出」するという彼の衛生重視の視点よりみて、「内務卿は去る十二年十二月二十七日を以って衛生の事務を府県に達せられたり、本邦文明の基礎本年始めて確立せんとす」と評価する。そしていう。

奉天行命の徒は大いに衛生会を興起し、人体生理学上より人心の何物たるを分析して之を統轄監督し、其の邪路に陥り外道に沈むを救わずんば何を以って文明の直聖世代に達せんや、

医療衛生に携わる者を「奉天行命の徒」とし、衛生会をもって「コンタギオン」（伝染病）等の防遏・撲滅を図らねばならぬとしていう。

維新第三紀の初年即ち明治二十五年の春に至りて本年以前と比校せば、必ず邪路に陥り外道に沈む者も稍方向を転じて大いに新年の慶賀を述ぶる位価に至らんとす、

前文および前々文の「邪路に陥り外道に沈む」は、後にも現れるが、民衆内部に巣食っている祈祷者流とか、巫祝《ふしゅく》勢力等を示すと思われる。

窪田は明治十七年（一八八四）頃「衛生法普及の策」を執筆している。彼は衛生法普及のため公私の衛生会を設け活動しているが、「婦女の会は男子の会に勝れり」とし、これは日常生活に係わることが多く、その悪習慣を改良する気持ちが強いといっている。しかし全般に「健全学の端緒をおさめて」いるものが少なく、これが小衛生会を起こすのに困難となっているという。次いで「衛生委員改良法」について

いう。現在の衛生委員は名称のみで、何の益にもならぬものが多いとし、目下の徴兵令改正を機に、中等以上の資産家の子弟を官公立の健全学校に入れ、その卒業者で衛生吏員・衛生委員となる者を看護卒として一か年の短期入営者とする制度に加えるべしという。

こうして「中等以上の資産家を駆って衛生」問題に当たらせ、「公衆健全の実効を奏し、其の地方医師・薬舗・売薬営業・祈祷者流に多少の反射作用を顕わす」ことを期待している。

大正十二年（一九二三）になって、窪田次郎の子息定氏が「窪田次郎履歴書」を作成しているが、それによると、「明治十六・七年頃大日本私立衛生会設立に尽力し、岡山県支部幹事を嘱託さる」と記している。同衛生会岡山私会の発会式は十七年十一月二日に行われている。窪田は明治十七年六月一日岡山県立医学校の移転式及び卒業式に参列し、「備中笠岡寄留仮医窪田次郎」の名前で祝辞を述べている。一介の仮医身分で県内最高位にある県立医学校の移転・卒業の式典に祝辞を述べることは容易なことではあるまい。

それは大日本私立衛生会岡山県支会幹事の肩書に加えて、長年に亘って県内の各地に医会や衛生会を設け、地方の医療・衛生の水準向上に活躍してきた功績が県庁において認められ、この祝辞朗読となったのであろう。

窪田はこの祝辞で、東京遷都によって「学術も亦中央集権の形勢に流れて地方分権の勢力なし」とし、県立医学校が岡山区旧西丸跡で開校式を行ったことを「是大日本の学術地方分権地利を占むるの瑞兆《ずいちょう》にして、草莽《そうもう》鬱屈《うつくつ》の念慮も亦伸達の時あるを卜するなり」という。地方文化の進展こそ一国における文明進歩の証とする彼の信念が窺われる。

と同時に、明治初年以来、旧態医師の再教育の必要を信条とし行動してきた窪田も、この時点ではその必要性も大分薄れ、地方における医学校の開校を喜んで祝福したのであろう。

3　コレラ・麻疹（はしか）対策

明治十年は瀬戸内海地方でコレラが流行したが、予防方法等が行き届かなかった。同年十月窪田はいう。「因って三村立庵等と謀り、本月六日より諸方へ奔走仕り」と。

翌々十二年は十年を上回る大流行であった。安那郡では六月十三日戸長・医員が神辺駅に集合し、伝染病予防協議をおこなっている。その際医員十八名で二八か村を適宜分割し「受け持ち村区分」としている。

これにより、北山・粟根・芦原・中野・百谷・上加茂・下加茂の七か村を窪田次郎・横田甫・杉原靖斉・児玉語一の四人が担当することとなった。児玉語一は下加茂村の医者で窪田の処で薬剤調合しており、横田甫は深津郡道上村の医者であるが、実質は窪田の家に居宿し、窪田の補助的存在として研修していたのではないかと想定される。

その後六月十六日、福山警察署川南分署への届けでは、岡山県免許医三村立庵雇窪田次郎と、同横田甫が北山・粟根・芦原三か村の受け持ちになっている。実情は、四人で七か村の受け持ちは受け持ち範囲がやや広くなりすぎる点を考え、再配分したものと思われる。同二十日、窪田次郎本宅で循環社（安那郡の私立医会）中の窪田・横田甫を含む一一名が会議をし、それに郡長・御用掛・北山村戸長・法成寺村医・

道上村医横田純孝・生徒山成毎次郎・粟根村農水草利市が傍聴人として加わっている。生徒山成毎次郎も窪田の書生あるいは助手的存在と思われる。ここではコレラ病の症候を列挙しその治療法等を示している。

なお、上記文中の道上村医横田純孝は、次郎の父亮貞がかつて長崎に修学する前に教えを受けた道上村横田祐甫の子息と思われ、窪田の家に止宿している横田甫は純孝の息子と思われる。従って窪田家の亮貞―次郎の二代は、横田家の裕甫―純孝―甫の三代と交流していたことになる。

また、六月二十六日には、仮会長窪田は「小田郡共立医会明命社開業諸士へ忠告の文」を送っている。これは明命社および隣郡連合社員宛てに、緊急を要する文として木版印刷にして送付している。文章は、前年（明治十年）の経験よりコレラ病の予防と治療に集中すべき時期を十一月までとし、世の「頑夫・愚婦に至りては往々其の防禦を嫌い甚だしきは流言をなし、或いは尽力者を敵視するにいたる」ものがあるが、医師が彼らの言行に似たような行動を取ってはならないという。そしていう。

諸君若し吐或いは下痢の患者ありて診断に臨まば必ず豚犬家の意哀を酌まず必ず敬み必ず慎み先ず下件の事を思へよ、斯る国人の膏血を傾け斯る国人の脳漿筋骨を尽くして斯る勁敵《けいてき》の悪病を防禦するに何を以って指南針と為すか、只医師一診の判決に非ずや、然るに若し此の判決伝染性を以って不伝染性となすときは数百連隊の防禦線も忽ち破れて其の地は勁敵の毒燄《どくえん》に薫殺せられん、

或いはいう。

吾輩の学術を以って該病を診判するは軽きに失して其の病種を伝播せしむるより寧ろ重きに失して防禦の道を尽くすに如《し》かず、

また「自宅の調剤局は殊に調剤局法を厳守し必ず服薬と予防薬との机卓を別室に設け其の器具布巾等誤って混交せざる様」にせよと注意する。

そして既に岡山県内に於いても同業者である岡山区の杉原氏、上道郡の柴田氏が「該病診察の際伝染命を落」している。診察の際「一身の予防を尽くし又深く言行を慎みて該病を診察せられよ」とし、その上で尚不幸となれば、吾明命社の名で「必ず同業社の情義を以って其の父母妻子を保護し、且つ一壇の招魂場を設け記念碑を立」てようという。

それから一か月余り経って、窪田は再び備中・備後にある「明命社・新々社・流形社・循環社其の他知友に忠告の文」を草している。それは『朝野新聞』に載せられた記事で、警視本庁衛生掛が「某の誤診」であると明示したことを批判し、警視庁衛生掛が日本の「検疫の標本」となり、それを府県の衛生掛が見習うことを心配している。そして目下コレラが猖獗を極め「頑民等妖言詭辞を設けて予防を拒み、吐下病を匿し、甚だしきは相嘯集して銛棒《そうぼう》（すきとぼう）を携うるに至る」の状態にあること、患者の吐下物中に病種があるか否か、顕微鏡を以って検すべし等と言われているが、田舎医は顕微鏡を持っていない等の悪条件下にある。このような状況下で誤診を新聞紙上に告示される様であると、窪田が言うような「軽きに失してその病種を伝染せしむるより、寧ろ重きに失して防禦」せよとの方針の実施は困難となる。そしていう。

目下悪病蔓延の景況恰も大風に火の起こるが如し、此の際消防に心力を用うるも失火と附火との究問所を訪問するに暇《いとま》なし、故に次郎前回の忠告を確守し、却って一層の正気を鼓し、該病事務に憤発せられよ、而して若し実地某氏の如き事件に逢わば、直ちに次郎忠告の文を出し悉皆罪を次郎に帰すべし、次郎一身を以って罪科を担い誓て法廷の霜に咏じ獄窓の月に咏ずべし、仮令身は酷吏の粉砕に供するも、聊か此の数郡の人民に益せば心は上天の雲に乗じ、天長地久万々遺憾なし、次郎又敢えて悔いず、諸君も亦危疑する勿れ。

このようなコレラ流行に対する窪田の医療諸社に対する指示・教導が岡山県庁の知る処となったのか、同年八月三日、岡山県令高崎五六は小田郡長蔵田信に次のような指令を発している。

今般其の郡医員三村立庵へ虎列刺《コレラ》病原因取り調べ掛申付管理せしめ候儀に候得共、御用掛窪田次郎に於いては医事通暁の義に付き、関渉せしめ速やかに整頓候様取計うべく此の旨相達し候事

これにより窪田は御用掛に任命される。但し右の指令には、笠岡村寄留窪田次郎は「広島県下の者に付き最早当県へ原籍相移し候哉、左なくば早々貫籍替え致し候様御申し聞せ之有るべく、此の談御問い合わせ等申し進め候也」と、九月になって岡山県庶務掛より指示されている。しかし窪田が原籍を移すことはなかったと思われる。

明治十八年春麻疹（はしか）が流行した。窪田は四月十七日の安那郡共立衛生会での演説でこの問題を取り上げている。そこでは小学校を閉校している村があるが、其の村では流行鎮定後の六〜七日前に、医師が学校に行き出頭せる生徒に、呼吸器・血行器・消化器・目耳・精神の各障害を診査し、右「五項の障害之なき生徒に」受業の証を渡し、障害のある生徒は別の帳簿にのせ、治療につかせ全快を得て出校させれば良かろうとしている。この方法は安那郡で県庁に実施を出願し、浅口郡医師第三組合・後月郡でも施行を議するとしている。

そして、一か月後の五月十七日の後月郡私立衛生会での演題では「麻疹病注意の一班」と題し、麻疹軽

重の度、本年流行の景況、看護の心得等を説明している。

4　共同治療と解剖

明治九年六月、岡山県は管下各郡の開業医に命じて、医学講習所を設置させ、「各郡医員会同講究」せよという。窪田はこの動きに乗じ「小田郡医学講習社」を組織したことは既に述べた。

窪田はこの組織を中心に、明治十年、岡山公立病院の院長・副院長の協力によって、備中南部の小田・後月・浅口・窪屋・都宇・賀陽・下道と、備前の児島を加えた八郡連合組織として、「医学講習社中解剖式」を定めている。その規定にいう。

医学上曖昧たる疑案を判決して明確なる証券を授くる者は人体の解剖より切実緻密なる者なし、（中略）況や病体解剖なる者は医術上直接の規範を授けて万古の大発明を与うる天使なれば（後略）

そして精神の緊張を以って事に当たるべしという。

病体解剖は県庁の許可を得て執行し、該郡の講習所幹事に通達して執行すること、また費用は「該社中にて一切消却す」とし、解剖に必要な機械・器具等は当分公立病院に依頼して使用し、記録の写真等の保存規定等も詳細に規定している。

東京における病体解剖社が認められたのは明治十年であり、この組織・規定の成立は全国的に見ても極めて早いものである。

窪田は明治十一年三月以降、小田郡横島村前川森蔵の共同治療と彼の死体解剖を、愈止《ゆし》社を中心とする医師団により行っている。前川は水夫で、明治十年四月長崎において「舟中卒然肩背に疫痛を発し、心悸亢盛して築動全身に及ぶ」状態になった。

前川は主任医の訴えで「独居窮困愍然《びんぜん》の至りに耐えず」、社中協議のうえ、彼を笠岡村に移して療養していた。そして九月に「愈止社中約束書」を作り、親族と協約書を結んだ上で、治療費用は社中持ち、社中一名に付き一円出金、社外よりの寄附受納等で共同治療することになる。愈止社は窪田を社長に、当初三十四名（郡長蔵田信を初め小田郡以外に後月・安那・深津郡の医師等も加わる）で発足する。

県令宛ての届出書には「（患者の）容体書相添え、新聞に載せ広く四方名医の考案診断を請い、療養実験に心力を尽くし、衛生研究の一助に仕り候間此の段御聞き届け下され度」とし、併せて、県公立病院長の派出診査の上「右容体書御刪正《さんせい》且つ臨床講義療養方法等御授け下され度」と依頼している。

十月二十三日岡山病院長若栗先生の診査と二十二名以上の衛生取締掛・医師を前に、臨床講義があった。

　先生先ず来会の医生、社長窪田次郎を除くの外一同に該患者病名の投票を命ず、医生乃ち退いて各々一封書を認め先生に出す、先生点検し畢て頗る称詞あり、

遅れて来た「社中医十数名」は「病名投票の挙」があったのを聞き「扼腕」したと。

年が変わって十二年二月九日、愈止社中懸命の治療の甲斐もなく前川森蔵は死去した。十二日岡山公立病院丸川・高橋二氏の執刀（同病院他の四先生も立ち会い）で解剖に付される。二月二十九日窪田は奉天会の会合で、前川の治療・解剖につき演説している。

（解剖により）該患部を審らかにするを得たり、田舎僻境の医流何の幸福か之に如《しか》ん又諸君の篤志協和

と地方人情の厚きとを以って、永月日の療養及び解剖・葬式等の事務を終りて片言の物議を聞かず、大いに吾社の光栄を加う

なお、前川の症状について次のように述べている。

鳴呼該患者の如きは全心変薄し、総弁変形し、上行大動脈及び大動脈弓の拡張肥大に内面瘜肉《そくにく》を兼ね、肺炎なり肝炎なり実に三器合併の大難症と云うべし、

なおこの共同治療・解剖については、岡山共立病院の協力以外に「大阪公立病院の高安先生の高案を辱うし」等とも述べられている。

窪田は明治十六年（一八八三）八月にも、安那郡道上村和田琴野の解屍《かいし》を行っている。和田琴野は二一歳であったが、「稲田に入り数々下肢に発疹」したことがあった。この年三月「呼吸困難」を覚え、杉原靖斉・手島太郎氏の治療を受けるも、諸症状が悪化し、遂に解屍を請うに至った。

窪田は五月十六日、夕陽社会場で手島氏に合い其の情報を得、「風土病に疑似」していると思い、彼女を解屍するに決する。翌十七日この地方の医師一五名立ち会い診察したところ、「全身蒼白浮腫し」ており、病名投票の結果非風土病者が多数で、通常の病体解剖の取り扱いとする。なお、医学士榎本與七郎氏および立ち会いの諸医は「心肺肝腎諸臓の疾患」と判断していた。

窪田は「和田琴野病体解屍臨時結社約束書」を作成する。解屍費用凡そ七〇円を予算し、まず入社一人一円を支出する。診察せんとする人（入社人）は、道上村医師横田純孝の宅に設ける解屍事務所に行き名刺を提出、後患者の宅に行く。療養解屍の指揮をとる社長は医学士榎本與七郎、療養解屍の諸件を取り行

う監督は窪田等五人で、社中は二七名で発足した。

その後しばしば穿腹術《せんふくじゅつ》をし腹水を取りだしたが「腹水は忽ち増加し」、八月十二日琴野は死去した。解屍は死亡の翌十三日に執行される。「胃膵脾腎共に癒着し、膵臓は頗る変性」する等の症状を示していた。

琴野の解屍についての出納は、入社人員九八名、収入九八円を得、「葬式読経謝儀」まで含め諸費用支出の上、琴野の父岩次に二〇円を給付している。

窪田は母が八月七日に死去し、その喪中で会葬できず「解屍和田琴野の柩を送る序」（原漢文）を寄せている。その文中で、解屍を行うことは、安那郡では最初のことであり、「君は此の郡に生まれ、一少女の身を以って、忽ち大光明を放った。其の病や困苦を忍んで七十余人の医者の診査に供し、其の死や患部を割きて十数学士の考証に留めた」と、彼女の決心を讃えている。

5　医学研究上の業績

(1)　照影望診法

明治九年十一月二十六日、窪田は笠岡村旧県庁の傍らに宴会を設け、三村立庵・小野亮・山本習軒・久山保定ら最も親しい医師八人、郡長森田佐平、郡の医務取締まり森田晋三を加えた一〇人を招き「望診発明宴会」と称し演説を行っている。

その後事例を加え、照影望診法と称し、前川森蔵の診察の際、岡山公立病院長若栗氏に話したが「可否せず」、地方の医師に話したが「偶以って冷笑を博するのみ」、明治十三年岡山公立病院長清野勇先生に話した処、同法に付き「下問を忝く辱《けが》す」として、詳細な説明文を提出している。其の中で、彼は最初に発見した様子を次のようにいう。

明治八年四月に山本習軒に患者の診察を頼まれ、因って長時間診察したが、「終に倦みて其の診察を習軒に譲」った。そして、

起きて前庭に下り躑躅《つつじ》花中を散歩し顧みて患者を望めば、其の胸腹上に一異の暈影《うんえい》を現す、帰って患者に接近すれば又視るべからず、再び前庭より望めば暈影初の如し、因って遠近回転して暈影の境界を定め、遂に習軒に指示し筆を以って其の境界に点線を画せしめ之を打診に徴するに、其の点線境内帯紫褐色の暈影部は股音《こおん》にして、褐色部は鈍音、帯白灰色部は鉱音或いは股音なり、即ち其の位置形状と其の原因及び他の徴候とを参考斟酌して、胃及び横行結腸の瓦斯《がす》横隔を圧上し、心臓及び大静脈の根基部に地位配置の変化を与えしに基因せる肝脾の膨大兼肺血鬱積《うっせき》ならんと想像し、駆風療法を主として該患者幸いに全快をえたり、

これによれば、「照影は三尺以上の距離に在って望む」とし、光体―照影―診者の角度は一三〇度以上の鈍角、又は七〇度以下の鋭角という。そしてこれらは打診・聴診等と相俟って、患者の内臓諸器官の状態等を判断する材料となるのであろう。

窪田の容態書等には打診に伴う音の微妙な変化等を詳細に書きとめているが、彼は照影望診法も「仮定望診」として取り入れられ、聴診・打診・照診・按診（後述、指圧によるもの）等の総合で彼独自の診断方法を確立していたと思われる。

なお、中国医学の古典である『難経』には、診療法として、望んで病気を知るを神、聞くを聖、問うを

工、触れるを巧とし、望診法を最上位においているが、窪田は患者の体内に隠されている病状を光線の照影と角度によって見出す照影望診法を考案したのである。

レントゲンやＭＲＩ等の近代医療機器のない時代に少しでも病体内部の状態に迫ろうとした窪田の精神こそ評価さるべきだと思う。

(2)　片山病

明治十四年八月四日の『報知新聞』に、備後国安那郡川南村字片山に「同郡の窪田次郎氏が片山病と名つけし一奇病」があると記している。この病気に付き窪田はいう。

父余に語り曰く、片山地方に腹水患者多しと聞くも未だ一診を得ず、汝之を診するを得ば必ず其の理を極めよ、能わざれば其の症候を探って識者に告ぐべし、是亦吾業の本務なりと、予不肖にして父命を奉ずる二十余年、その間之を朋友に計るも賛《たす》けず、之を官吏に告ぐる顧みず、加うるに疎漏膚浅《ふせん》の診案を以って余を排斥して厚顔恥ざる人多し、其の地方住民も亦余の試療効なく、却って其の病名四方に伝播大に其の結婚を妨ぐるを怒り遂に余を讎敵《しゅうてき》視す、

明治十五年になって窪田の働きかけ等により、広島病院や医学校の関係者および地元医師等に因って、片山病調査委員会が組織されて調査を行い、岡山病院でも病源の研究が行われた。

そして更に東京大学医学部ベルツ教授の調査によって「一種特異の瘴気病（泥田などより立ちのぼる害毒の気による病気）」と判決された。「実に明治十七年五月十一日（中略）にして、予の業務ここに畢れり」とし、窪田は喜んでいる。

しかし実際には、窪田が没して二年後の明治三十七年（一九〇四）に病原虫が発見され、更に大正二年（一九一三）に病原虫の中間宿主である巻貝を発見し、これを「宮入貝」と命名し、以後その撲滅が進められたのである。

(3) バセドウ病

窪田はその「バセドビ病記事」に、明治六年夏、備中浅口郡玉島港医師久山保定の依頼に応じ、某婦を診察し次のように記す。

此の婦心悸稍亢進して甲状腺右側少く肥大し、右眼球も亦尋常人と異なれり、予始めて本邦内バセドビ病者の有ることを知り、之を同業者に語るに皆冷笑せり。

そして翌七年までに三例の患者を診察し「始めて冷笑者の眼底へ光線を達したり」ともいう。

明治十七年十二月、広島県兵事課に出張中の畑成国少軍医より窪田に書状が届き、窪田の研究している片山病とバセドウ病について種々の質疑を行い、医案等の提供を依頼している。片山病については先述したので省略し、バセドウ病についてみよう。

窪田宛てに畑少軍医が指名したバセドウ病人で、浅口郡矢島村室山藤吉の妻（四〇歳）の診察筆記がある。彼女は三九歳の時「隣家の婦来たり頭部の腫起を認め患婦に病況を尋ねしより患婦始めて驚愕し」て己の病状を知る。窪田は「甲状腺腫大し眼球突出し眼光鋭く左右内背下の皮膚に稍変色を認む」とし、其の病歴を年次を追って詳しく記している。

また欄外に「余明治七年来此の地方に於いて本病を診する頗る多く、備中浅口郡柏島村某氏の如きは同血族五名同病に罹れり」と記している。

6　日常的な医療活動

窪田は備前・備中・備後の各地に医療結社・衛生結社を組織し、東奔西走の状態である。それでは自村粟根村を中心とした地域の医療には、どの様に係わっていたのであろうか。窪田の残した史料の中に、明治十三年一か年の「診察料並びに薬礼肴料筆記」がある。『医師・窪田次郎の自由民権運動』の整理によれば、彼が此この年診察料を受けた人数は、延べ九一六人（団体を含む）、薬礼肴料を受けた人一六九人で、計一〇八四人であり、重複を除くと六四五人となる。またそれらの人々の居住地の町村数を郡毎に整理表示すると表五―一のようで、備後八郡四五町村・備中六郡一八か村と、合わせて六三町村となる。中でも深津（福山を含む）・安那・沼隈・

表五―一　窪田次郎の診察範囲（明治13年）

国　名	郡　　名	町村数
備　後	深津（福山を含む）	16
	安那	9
	沼隈	6
	芦田・品治	2
	神石	8
	甲奴	2
	御調	2
備　中	後月	7
	小田	4
	浅口	4
	賀陽・窪屋	2
	上房	1
計	14郡	63

芦田・品治の旧福山領分五郡が三三町村で半数を越している。

全体として福山をふくむ深津・安那・神石・後月の粟根村に近い西寄りが多いが、それに次ぐのが沼隈・小田・浅口の海岸部三郡である。窪田の活動全体が、海岸部郡村との関係が深いがこれは舟の利用が考えられる。いま、粟根村を起点とする東西南北の大凡の距離を、当時の道路に因って測定すると、東は備中上房郡川面村（現高梁市川面）で約四〇キロ、西は御調郡坂井原村（現三原市坂井原）の四〇キロ弱、北は神石郡古川村（現神石高原町古川）の三〇キロ余、南は沼隈郡浦崎村（現尾道市浦崎）の約三〇キロである。

窪田が書き残した文献の中に、「頃日東西二十里間を奔走するに」等の表現がみられるが、彼の行動範囲は実際に東に一〇里（三七・五キロ）、西に一〇里の「東西二十里」となっているのである。彼はまた「明治六年秋備後国奴可郡東城村に至る、途中同国神石郡油木村に小憩し、茶店の婢を見て同種（バセドウ病）なり」とも書いている。東城村は粟根村より北約四〇キロほどである。彼はこれらの間を多くは徒歩によって、緊急の場合は腕車（人力車）により、海辺部では舟を利用して往診していたと思われる。

窪田は往診を通して得た広域な地域の地勢等についての知識を以って、明治十二年頃広島県会において奴可郡東城より福山に至る県道開設が問題となったとき、幾つかの路線案を批判し、距離の近さと必要経費の少なき点より、東城から「神石郡坂瀬川より古道を東に分かれ、安那郡百谷村の東溪を漸次に下り北山村四川筋を通り、粟根・芦原・中野三村を貫き、下加茂村にて古道に合する直線」を提唱することが出来たのである。因みにこの路線は、ほぼ現在の国道一八二号線のルートである。

窪田の残した医療文献をみると、後月郡西江原村の某患者につき、山本習軒が「余の一診を受くべきを諭す」とか、浅口郡道口村の某患者を坂田雅夫が診るが不治として手離し、久山保定が診て、窪田に診察を依頼したとかの記事がでる。窪田が極めて広範囲の患者を診察しており、通常の村医、地域の診察範囲を大きく超えているのは、難病の場合、各地の医者が窪田の医者としての名声を頼って、二次的な診察依頼によること等が重なり徐々に拡大していったものと思われる。

それでは一人でよく多数の医会・衛生会を主催し、更に広範囲の患者の医療をどのようにして処理したのであろうか。これに答える適切な史料は無い。ただ一つ言える事は、窪田の周辺に若干の補助的な人員がいたと思われる点である。いま断片的ながら文献上に現れ、窪田とこのような関係を持つと推定される人物は次の通りである。

高橋圭介　沼隈郡松永村の人　窪田の門人（なお『松永町誌』には、彼につき「十七歳備中興譲館に入り阪谷朗盧に儒を学び翌年退館、医薬を以って父の代診をなす。二十一歳、福山藩医宮森養竹に漢方を寺地強平に洋方を学び爾後窪田次郎に就き研鑽怠らず」と記される）

児玉語一　安那郡下加茂村の人　窪田の家で調合していた

横田甫　深津郡道上村の医、道上村の医横田純孝の子息

山成毎次郎　「生徒」と書かれている（山成姓は次郎母の旧姓）

窪田は明治九年十一月の文献に「俯仰一身以って十三人の命脈を繋」ぐと記しているが、窪田の血縁一家だけでは一三人にならない。窪田は五男四女を設けたと言われるが、長男林太郎は明治二年に死亡、五男定は明治十四年生まれで、三女四女も未だ生まれていない。とすれば、窪田の両親、次郎夫婦、二・三・四男と長・次女の五人の子供の合わせて九人で、一三人には四人足らない。一三人の大家族では女中（お手伝い）一人位はいたであろうか、尚二〜三人、或いは三〜四人程度の補助的・助手的人員がいて、

事務的な仕事や連絡、時には再診患者に対する代診、窪田の処方箋に基ずいた調合等をしていたのではないかと思われ、前記四人の人々がそれらを担当していたと思われる。

なお、窪田は健康・衛生を「天命の三大義」の一つとして重視してきたが、その為には病気・怪我に対する医師の正しい治療と、民衆自身が医療に対する正しい認識をもち、衛生観念に則した生活を実行することが相俟って、実現するものと観念していた。ところが備後南部から備中・備前への地域は、宗派的な勢力として真言系の勢力が強くこれらと関連する「祈祷者流」が、しばしば医療部門に関与していた。

例えば、解屍にした和田琴野の場合でも、当初は「始終巫祝《ふしゅく》売薬等に依頼して医療を要せず」、後に「杉原靖斉に診を乞う」に至っている。

窪田は年不詳の「民間療法呪文書付」とでも題すべき横帳一冊を残している。彼が医会・衛生会を結成した間接的理由の一つに、医師の治療技術の向上と相俟ち、民衆の科学的衛生観念の高まりが、このような呪術的巫祝勢力の排除を可能にすると考えていたと思われる。

第六章　岡山移住以後

一　岡山移住

窪田次郎の子息定氏が、大正十二年（一九二三）作成した「窪田次郎履歴書」には、「明治二十一年（一八八八）子女教育の為岡山に移住す」と書かれている。移住の月日は不明であるが、明治六年三月に粟根村有志をもって組織された「博聞会」が、「当博聞会暫く休会の処、今般再び開会せんことを欲し、明治二十一年五月十一日妙永寺へ全員集会」し、再興されたとある。従って移住は五月十一日前後のことであり、次郎が岡山移住するのを、或いは移住したのを機に、再開されたものと思われる。

さて、定氏は窪田家の岡山移住を「子女の教育の為」と書きながら、定氏が東京で明治の末年に作成した『帰去来』という小冊子には、「『窪田家の岡山移住は全く子女の教育の為か知らん』之が自分の疑問でしかして粟根へ帰住を思う度毎に此の事が先ず脳裏に浮かぶ」と記している。

定氏の疑問は著者の疑問であるが、この問題を解く直接の史料はない。本書で見てきたように、毎年筆まめに莫大な記録を残してきた窪田次郎が、明治十八年五月を最後に、明治二十年に始まる所得税の計算書等の家関係の書類を除き、以後対外的な、半ば公的な記録類を数点残すのみで、纏まった書類は残っていないのである。

この問題につき、著者はやや先走って考察するが、次のように推測している。即ち窪田次郎は明治二十一年五月頃に岡山移住する際、過去三年間分程の記録類を岡山に持ち行き残余の記録類は粟根の土蔵に残して移転した。そして岡山移住後も筆まめに記録を残したが、明治三十五年四月に死去し、九月頃には岡山の土地・家屋を売却するため定氏と二人の娘は粟根に帰住した。

定氏は明治十四年生まれの入営前で、定氏の二人の妹は勿論二十歳前である。忽卒の間に若い兄妹が父の残した記録類を十分整理することは無理であり、対外的に重要と思われる半ば公的な若干の記録類を粟根に持ち帰り、他の多くは破棄されたのではないか。定氏が父の履歴書を作成する際に、「此の外書類の散逸せるもの多かるべく」と記しているのは、その間の事情を存知して記したように思われる。

さて著者は、右に見たように当該期の記録の極めて少ない条件の中で、窪田の岡山移住を「子女の教育の為」とする理由と共に、それに至る過程には、窪田を取り巻く社会的状況を加えて検討する必要があるように思われる。即ち、其れが「子女の教育の為」の環境をも含めた居住地を、福山周辺でなく、岡山区に移す必要性についてである。

話は少し遡るが、前章に見たように、明治九年六月に広島県より公立医学校設立問題につき出頭命令を受けたが、窪田は旧態医師の再教育を己の使命と考えていたので、「当病」を理由としてこれを拒否し、広島県より医師免許を取り消された。此の問題は窪田の医療面における活動に永く影響したように思われる。

先ず明治十二年中に、安那郡共立衛生会相愛社を結成し、仮会長窪田次郎の名で県庁に届け出ながら、長期間聞き届けの返答がなかった。明治十四年十一月に仮社長以下の名義を変更した上で再届し、十五年四月やっと聞き届けとなった。

さらに、明治十五年十二月に県医学校の伴野・後藤両氏が片山病調査につき出張の際、現地調査員として、夕陽社中の鼓玄俊・別所春澤・山本道哉の三氏が指令を受け参加した。しかし十六年五月には山本氏を排し、鼓・別所の二氏が命じられた。窪田は明治十六年に「片山病調査につき」安那郡衛生会に議案を提出し、どのような理由でこの様な事態になったのか質している。そして言外に、夕陽社中は勿論備後地区の医師の誰よりも深く片山病の研究に取り組んでいる自分が、現地調査員から排除されたのは何故かが、問われているように思われる。

一方窪田は、この間岡山県下の備中各郡（一部備前児島郡を含め）に多くの医会・衛生会を組織し、コレラ防遏などに尽力していた。そうした努力によるものか、十二年八月には、「窪田次郎に於いては医事通暁の義に付き、関渉せしめ速やかに整頓候様」として、小田郡御用掛に任命され、小野立庵と共にコレラ病原因取調掛を命ぜられている。また十七年には大日本私立衛生会設立に尽力し、岡山支会幹事を嘱託され、その地位によって、十七年六月には岡山県医学校の開校式に「備中笠岡寄留仮医窪田次郎」の名で祝文の朗読を依頼されたと思はれる。更に明治十七年末に高崎五六に代わって千坂高雅が新県令となり、十八年二月には「医風改良の件」を通達した。窪田はこれを高く評価している。

以上みたように、窪田の医療・衛生活動に対する、阻害と信用とも言うべき、両県の対称的な態度を一つの要因とし、岡山県により親近感を持っていた次郎に更に一つの条件が加わったと思われる。

其れは、窪田が開校式に出席し祝文を読んだ岡山県立医学校が、明治二十一年四月を以って廃校となり、官立の第三高等中学校医学部となることである。次郎は弟堅造が大学東校に入学しながら病没し、果たせなかった近代的医学教育を、子息に受けさせたいと思い、その基礎となる中学校教育を岡山で行いたいと思ったのではなかろうか、私にはそのように思われる。

次郎は既に明治十年に父亮貞が、同十六年に母孝が死去しており、文久三年に粟根村に帰り医業を継承してから、四半世紀を経ており、村や地域に対する義理も一応果たしたという観念が、彼の岡山移転を後押ししたものとおもわれる。次郎はこうして一家を挙げ岡山区下石井（翌年岡山市上西川町となる）に移転し、粟根の旧宅には野田庄平を留守居としておき、毎年の三・五・七・九・十二月に各一日開催される再興博聞会に出席等で帰った場合の宿所としたと思われる。

なお、明治二十四年（一八九一）三月に山陽鉄道が岡山まで開通し、以後四月には倉敷、七月には笠岡、九月に福山、十一月に尾道まで開通したので、窪田の主要な活動範囲である備中・備後地域への移動は遙かに便利なものとなったのである。

二　医療・衛生活動

窪田は岡山移住後も相変わらず、活発な活動を続けていたようで、移転後に新しく備前岡山区及び邑久郡に医会を作っていたようである。子息定氏が後年記した「窪田次郎履歴書」の「付記」には岡山転住後の状況として次のようにしるしている。

各地医会の出席、永きは三十年間に亘り継続し、岡山宅に在るは毎月七の日三日に定め三備の南部を診察巡回す

明治三十二年、次郎の長女の婿三宅碩夫《ひろお》宛ての手紙には、二月「拙老は常例之（浅口郡）鴨方会へ出浮、四五日後出岡せしに」とか、「昨年四月安那郡医会の序、本宅へ立ち寄、翌晩出岡」とか書いている。

また明治二十三年（一八九〇）六月に栗根村井伏民左衛門宛てに処方箋を出している。沼隈郡松永村の塩田地主であり、かつ五〇町歩地主である石井四郎三郎（二代目）は明治三十三年（一九〇〇）五月一日に次のように母の発熱等で来診を要請している。

拝啓　其後御健在之条大賀奉り候、陳者愚母（竹荘妻）茂少々不快にこれあり、発熱仕り候間、万障御繰り合わせの上、明後三日に御来診下され度願い上げ奉り候、手遅れて大事に至らざる以前御高臨相願い度御調察之上、万御光来の程願い上げ奉り候　忝々頓首

明治三十三年五月一日　石井四郎三郎

窪田先生　座右

また年不詳であるが、粂太郎氏の病気でも「噬嗽《せいそく》甚だしく噬嗽も吐と相成困難」とし、「御障御繰合わせ着き次第御来診下され度」と要請している。石井家への往診は山陽鉄道を利用して往診したものと思われる。そして次郎と石井家とは報国両替社副社長・問鼎社中・衛生会等を通じて二代に亘り交際があり、岡山移住後も病人が出ると往診していたようである。

窪田はかって、医学修業の時代に、弟堅造も医学修業を始め、学資に不足し按摩を以って其の不足を補

うとした。その後慶応三年に、古着商が古布団を鑑別している方法を見て、「之を按摩の一術に応用し」効力をあげた。そしてそれは「疾病の診断上及び治療上に益」があることをも認めている。

明治二十三年四月、窪田は浅口郡医師第三組合で「指圧」と称して按摩の効用を報告した。彼は「社中諸君の感覚を一新せんが為に殊さらに指圧の名称を提出」したという。しかし、結果は「不服の人多し」であり、明治二十六年七月新々社を解散し、八月「旧社中の忠孝誠実なる諸君と謀り（中略）誠之会を新設」した。「会員は僅かに十余名」となった。

窪田は二十七年、浅口郡医師第三組合の医風改良の一つとして、指圧術を教授しようとしている。その「予備言」において重要なことを言っている。即ち、吾々旧医は一時に多数の人々を診断することはできない。そこで、「西人の診査法に則り、側ら和漢の書籍口碑と各自の実地上より成立せる診法とを応用し、摘除法と枚挙法とを以って診判すること」、ここでの診察で重要な方法としてあげている摘除法と枚挙法とは、現在演繹法《えんえきほう》と帰納法といわれていることであろう。また、「薬剤の害は本病より重」いとし、利用・暴投を戒めている。

さて、本論とでもいうべき「指圧術入門大意」では、指圧に健全学的指圧術と治療学的指圧術の二つあることを上げている。

運動は衛生の本源にして運動の目的は其の体勢を変化して其の皮膚の或る方向に集積縮着する者を防禦解散するに在る者なり、故に一種の職業に従事し日夜力作するも、其の体勢の変換少なき職業は運動の目的に適せず、是職業病の因って起こる所以なり、故に運動法は何職何業に係わらず、其の体度に適する体操より善なる者なし、然れども是自力的運動にて之を以って完全となすべからず、必ず他力的運動を以って補わざるべからず、（健全学的指圧術）、況や自力的運動を為し能はざる者あり、此の時に於いては其の生命只他力的運動の一技術に在り（治療学的指圧術）、是指圧術の万々止むを得ざる所にて所謂仁術の極度と称すべき者なり、

そして指圧の必要性と方法を、病原の起点、治療の目的、指圧の原則の三点より述べている。

なお窪田は明治二十八年（一八九五）五月に、誠之会の広告として、会員二氏の紹介により浅口郡吉備村井上利吉を、同会指圧術の助手に採用することを示し、併せて、尋常按摩家では治療学的指圧術は難しく、「医術開業免許状の所持人ならでは、決して教授致し居り申さず」と記している。

窪田の提唱した、特に「治療学的指圧術」とも云うべきものは、現在の医療においてリハビテイションとして広く行われているところである。

明治三十二年（一八九九）十一月四日、明治天皇誕生日を祝う天長節の翌日に、後樂園鶴鳴館で、岡山県私立衛生会の開会式が挙行された。次郎はこの日をトして会員への意見を『山陽新聞』に載せている。長文であるが、重要と思われる点は二点で、其の一つは各地で屢起こっている「八種伝染病は富国強兵の大敵」であるとし、八種伝染病と其の近似病との対症表や徴症等を新聞等にのせ、関係者の伝染病防遏等に利用させ、またそれを簡明平易にして小学校の教科書にのせ、一般の人民に知らしめようという。其の二は、知育と体育は不即不離のもので、両者の健全発達を計ることをのべている。

この年の春、次郎は第三高等学校医学部（二十七年九月学校名改称）生であった三男勤を脚気で失っており（文中にも「野老今春嗣子の死後」と書いている）、衛生問題への関心は一際深いものがあったと思われる。

三　最後の政治論

明治二十五年（一八九二）一月、窪田は「坂田警軒に答うる書」を草し、久し振りに政治論を展開している。

坂田丈平（警軒）は明治七〜八年に窪田等と蛙鳴群を結成する等で活動を共にしてきた。彼は明治十二年に第一回の岡山県議会選挙に後月郡から立候補し当選、初代県会議長となり、民権派議員と組んで高崎県令と対立した。しかし翌年辞職し民権運動から身を引いた。その後、二十三年末の第一回帝国議会議員選挙で、岡山県四区（浅口・後月・小田郡）から当選し、吏党の大成会に所属する。そして山県内閣の提出する予算案に賛成し、同じく政府案に妥協した自由党土佐派と共に内閣を助けた。

翌明治二十四年（一八九一）十二月二十五日には、衆議院で民党が軍艦建造費等を含む予算の大削減を決議したため、政府は衆議院を解散した。坂田丈平は岡山に帰り窪田に衆議院議員選挙への立候補を奨めたのである。

窪田はいう。「教諭勧誘懇々骨に徹す」と、一応その親切さに感謝を表す。しかし「僕不肖と雖も亦脳神（脳と神経）無からんや」と。そして、維新以来の西洋化した社会状況を延々と述べ、人々は「自由を唱えて他に依頼し、自由を説いて自由を縛し」ていると。政治家も亦そうであり、「何ぞ其の政会に用うる度量の短小にして其の観測の浅近なるや、僕不肖と雖も亦大日本国独立自主の一民にして吾憲法の下に生息せり、豈猥に仮面政徒の奴隷と為らんや、（中略）吁嗟《ああ》僕足下と住往既に途を異にす」と。

また、足下の朋友で足下と同様にかって民権運動に携わりながら、吏党大成会に所属している西毅一（薇山・岡山二区選出）に「会せば僕が為に言えよ、懐古浩気（浩然の気）を養えと」。

窪田は、明治七年十二月の「奉天匡救の諸君に質す」で、「前途を想像するに真政治の略定は明治二十年にして、租税の真改正は明治二十五年にあらんとす、諸君能く薪膾に耐えて怠る勿れ」といい、或いはまた十四年十月の国会開設予約の詔が出た後の「渡世会話勧誘文」では、「嗚呼、明治二十三年は遠きに非ざるなり」と叫んできた。

しかし、国会は開設されたが、内閣は民意を示す衆議院の議席数とは無関係に構成された上に、政治の実質は「仮面政徒」に握られ、「租税の真改正」など望むべきもない。明治三年以来「農に賦するに薄くすること」が、文明の証左としてきた窪田の絶望の声が聞かれるのである。それは地租改正反対闘争において提出された諸伺い以来の窪田の政治論であり、これが最後のものとなるのである。

四　晩年と死

備中乙島と寄島のほぼ中間にある沙美《さみ》の海岸は、古くから風光明媚な所で、舟が小型で地乗航法によって海岸近くを通行していた時代には、瀬戸内海を上下する舟の寄港地でもあった。

明治十七年ここに浴潮所が開設された。年不詳の手紙であるが、その浴潮所に宿泊している中川横太郎から窪田宛てに一通の手紙が届いた。

先生　しゃみに　一日御あすび　なさせられては　いかが　横太郎もこんにちより　三日ぐらいわ

しやみにて　あすびて　いまする

八月十四日　　　　　　　　　　　　　　　中川よこたろう

くぽた先生

封筒うらには「沙美浴潮所にて　中川横太郎」と書かれている。

福山藩内皆学を目指し、明治四年一月啓蒙社・啓蒙所の規則を作り、同二月深津村啓蒙所の開設に続き、「三四月頃、啓蒙所日に月に盛んに設立の機運に向」っていたとき、逸早く三月に、啓蒙所を視察したのは岡山藩の西毅一と中川横太郎であった。また、明治十年には、東京開成学校教授アトキンソンが、高知の板垣氏（退助か）を訪問する際「同氏へ添書」を依頼された窪田は、板垣氏に面識がなく岡山の中川横太郎氏は板垣氏かその朋友に面識もあろうとし、彼に依頼するようにと云い、中川氏には「野生よりも尋ね合わせすべく」と云っている。

窪田が岡山に移住後は、両者は時に交流していたかも知れない。中川は八月の暑い最中なので沙美にきて、閑談しようと誘ったのであろう。しかし窪田は「岡山宅に在るは月七の日三日に定め」という程多忙で、沙美での休養・閑談に応ずることは出来なかったと思われる。

明治二十六年（一八九三）一月二十五日、次郎五七歳のとき、妻の次が四七歳で死去した。次郎は若い時から東奔西走の日々であったので、家庭内における妻次の負担は大きかったであろう。家には中学校在学中くらいの三男勤を頭に、四男保・五男定・三女茂・四女政がおり、家庭の事は大変であったと思われる。

妻次の死後も窪田の活動は多忙であったようである。そうした中で、明治三十二年、次郎が岡山移転の一つの目的としたであろうと思われる、第三高等学校医学部に入学していた三男勤が病死した。この時三宅碩夫（次郎長女類の婿）は次郎に弔文を送ったようである。三宅碩夫は浅口郡連島町に生まれ、青年時代に鴨井熊山《ゆうざん》や三余塾を開いた犬飼松窓に学び、学成って自宅に「三省塾」を開き子弟を教えた。明治十八年岡山学校師範部に入学、三年後に上京して英吉利《イギリス》法学校（中央大学前身）に入学し、翌年弁護士試験に合格した。明治二十三年東京で開業、明治二十九年日本弁護士協会理事、大正六年（一九一七）東京弁護士協会の副会長となっている。彼は義父窪田を深く尊敬していた。

窪田は三宅の弔文に対し長い返事を寄せている。窪田はいう。

> 勤は政の談話中あーさんは毎朝暗い内に朝食も食わず医学部へ行き、晩に帰りて非常に腹がへりたとお云いと聞き、朝昼は医学部門前の仕出し屋へ申し付けよと勤に命じ、其の後二階にて勤と眺望中視力に心付き相尋ね候処、学課之際顕微鏡に従事し少々近眼になりたりと、他部の（他の部に付きの意か）相尋ね候処顕微鏡室は腰掛けなく其の故腰脚等頗る悪しと申候付き、全身を診査するに脚気也、其の後勉強は禁じたれ共、矢張り通学、休暇の後も兎角過激の運動過度之滋養を試み其の度毎に障害を増し、過日の厳寒五六日間に大衰脱に陥りたり

痛恨極まり無かったであろう。窪田はかって岡山県立医学校の開校式で「東京は脚気の巣窟にして」と云っていたが、彼の嗣子がその脚気で亡くなったのである。脚気に有効な成分であるビタミンＢ１が鈴木梅太郎によって米糠の中から分離発見されるのは、この年から十年以上も後のことである。窪田は土地所

有者ではあるが不耕作者で彼の家では麦飯ではなかったであろう。岡山市への移転がビタミンB1との距離を更に大きくしていたかも知れない。

そして窪田は手紙の後半でいう。

拙老最早国に対する務めは免れたり、亡妻に対する務めも亦不十分ながら免れたり、亡父母・祖先に対する務めもへの字形に経過し、朋友に対する務めも過不及ありと雖世人に比すれば恥じざる方、本業上に於いても亦尽せり、只子に対する之責務残と相成る、因って汽車中に病めば汽車が病室、腕車上に病めば腕車が病室、野也山也命終之処是我が往生安楽国也と予定し、若し此の残務の目途都合良く行けば、来る明治三十五年の冬に達了し、旧習を以って数うれば、拙老年六十八歳なり、之に二年を加えて耳順《じじゅん》（耳順は六十歳、従って古稀が正しい）之春風に天地間の束縛を解脱し始めて独立独行自由自主の身となる也、

記していることの要点は次の四つの点であろう。

（イ）国・亡妻・亡父母祖先・朋友に対する務めは「不十分」とか、「への字形」（右肩下がりの意か）とか、「世人に比すれば恥じざる方」とかの条件付きで果してきたこと。

（ロ）ただ子に対する責務のみが残っている。そこで汽車に乗ったり、腕車（人力車）に乗って医業を行っている。病めばそこが病院、終命なればそれが往生安楽国と思っている。

（ハ）この残務が都合良く行けば、（後三年目の）明治三十五年の冬に終了する。

（ニ）其の時六十八歳になり、これに二年を加えれば七十歳（古稀）となり、天地間の束縛を解脱し、独立独行自主自由の身となると。

しかし、三男勤が死去した時、「四男保三井物産会社へ予約し、卒業後支那行」と記した嗣子保が三十五年一月に死亡した。流石の次郎も気力を失ったものと思われる。病床に伏すようになった。

当時の事情を嗣子となった定氏が後年次のように記している。

傭人も無く、何の慰安も無き不自由なる岡山の寓居に私と両妹との看護に満足しつつ、私の一年志願兵合格の報を待ちつつ己修処世の訓言を残しつつ、茶山先生芍《しゃく》薬《やく》之詩を微吟しつつ、

茶山の芍薬の詩とは、頼祺一氏の指摘によれば次の五言絶句である。読下し文に改めて示すと次のようである。

芍薬に蝶の睡る図

これ楊は三二月にして　紅薬《こうやく》（芍薬のこと）は春華をほしいままにす

知らず胡蝶の夢を　更に何処の花を尋ねん

中国では花から花へ移る蝶を男性の姿になぞらえたという。茶山の詩にそうした意味があるとすれば、それを愛吟した次郎は、最晩年になっても艶やかな心情を失っていなかったといえよう。

明治三十五年（一九〇二）二月二日に次郎は嗣子となった定を枕元に呼び遺言を述べ、定が手記した。後に葬式に立ち会った三宅碩夫が「先考遺訓」として抄記している。その重用と思われる点は次のようである。

一つは不動産の処理についてで、粟根の不動産は売却せぬこと、岡山の地所建物は売却し、合わせて代金二千円の内茂・政の結婚費用として五百円ずつを、残り一千円を定の学費其の他と指定している。

二つは定の今後に付きいう。

一、汝が医学部に入学し卒業の見込みあらば卒業後は家屋を改築し医者風の構造に改め従事しくれ
一、医学部に入学成り難ければ従来の家屋は其の構造を変せず粟根に帰り住すべし
一、人の勧誘あるも名ある役人等又は教員等に為るべからず

三つ目は、「家事一切を山成軒一郎叔父に一任し指揮を乞うべし」とし、また墓地の整理につき井伏氏（民左衛門）に相談せよと。

ちなみに山成軒一郎は次郎の妻次の弟で、明治二十七年の直接国税納税額は六四円余で後月郡井原村の第八位である。

窪田次郎は四月十八日逝去、享年六十八歳、粟根村の累代墓地に葬られる。法名は仁譲院賢雅日匠居士。

九月に至り、山成軒一郎は窪田家の家政整理案を作成している。それは山成軒一郎を定の参謀長、井伏民左衛門を参謀としている。家政整理案によれば、「岡山市内所有の地所家屋等は一切売却する事」となり、「窪田定並びに妹両人郷里粟根へ帰住する事」となる。また、岡山市の家屋敷代二千二百円、次郎が収集した書画骨董代三千円の計五千二百円とし、負債償還当て、妹二人への譲與金、粟根家屋修繕費を差し引き、残金三千円を「普通資本利殖当」とし、その利息の一部一〇〇円と、これに地所所得予算一五〇円を加えた計二五〇円を「一ケ年分家政費支出予算」としている。

これにより定等三兄妹は、早々の内に引越しのための家財整理を行い、窪田次郎が岡山移住の際に持ってきたほぼ明治十八年六月頃以降の記録や、その後に書き記した記録類のうち、公的な性格のものや、家

関係のものを除いて、その多くが破棄されたものと推測される。

なお、定氏は岡山市の関西中学校卒業の資格で広島の第五師団に入隊し、ついで日露戦争に応召、其の後慶応義塾大学に入学したが中退し、会社勤め等をした。そして戦後栗根に帰り昭和三十八年（一九六三年）八十二歳で没した。二人の妹もそれぞれ嫁したものと思われる。

第七章　終章

一　窪田家の家計

窪田次郎は文明の三大件として、衛生・資産・品行の鼎足を説いているが、彼自身の資産はどのようであったか一瞥しておこう。

表七―一は窪田次郎の土地所有の推移を示したものである。弘化二年（一八四五）父の亮貞が家作普請のため趣法講を企画した時には、初鬮三貫目の抵当に入れる田畑約四反五畝（高約三石）の土地すら持っていなかったが、文久二年に次郎が帰村して医業を始めてから一三年経った明治八年には、父亮貞と次郎の精進によって七反七畝余の土地を所有している。その後次郎は所持地を増加させ、岡山へ移住する明治二十一年には約三町一反程度の土地を所有しており、恐らく粟根村でも上位五人以内に入ると推定される。その後若干減少しているが、ほぼ二町前後の土地を所有している。

窪田次郎は医業のため自作せず、宅地と若干の畑地を除き小作地として貸付けていた。明治三十年の土地の貸付け状況は表七―二のようで、一町五反余の土地が一四人の小作に貸し付けられ、二四石五斗余（米約一〇〇俵）の小作料を取得している。平均の反当小作料は一石六斗に達しているので殆んどが水田であったと思われる。

次に窪田家の家計をみよう。周知のようにわが国では明治二十年より所得税制度が成立する。当初は、前三か年所得の平均に課税するもので、所得三〇〇円未満は免税、三〇〇円より一〇〇〇円未満が一％、一〇〇〇円以上が一・五％の税額である。

いま窪田家の「所得税納取調書」を整理すると表七―三・表七―四のようになる。表七―三は明治二十年所得額を算出するために、前三か年の収入と支出を書き出したものである。表七―四はそのような操作

表七―一　窪田次郎の土地所有の推移

年　次	反　別	地　価
	反	円
明治8	(7,700余)	402.84
17	23,116	1,195.21
18	27,415	1,478.75
19	30,724	1,703.33
21		1,744.08
32	19,315	1,008.19
35	23,302	1,044.01

表七―二　窪田次郎の小作人表（明治30年）

小作人名		反　別	小作料
		反	石
N	保太郎	1,124	2,100
W	和　助	2,801	4,900
Y	七　郎	1,318	2,500
A	寿　郎	1,224	1,600
S	徳　助	709	1,250
W	伊三郎	1,022	1,600
W	時五郎	1,600	2,400
T	仲右ヱ門	1,516	2,600
K	四郎平	612	900
I	新　六	413	250
K	元次郎	327	500
F	源兵ヱ	10	60
S	謙三郎	1,128	1,900
T	谷次郎	1,102	2,000
		15,326	24,560

表七－三　窪田次郎の収入と支出

	項　目	明治17年	明治18年	明治19年
収入	米代価	円 130.000	円 140.000	円 162.500
	薪竹代	2.000	2.000	2.000
	貸附金利子	240.000	198.000	160.000
	研究会謝金	70.000	70.000	70.000
	診察料	400.000	322.400	278.700
	薬礼	49.345	34.600	24.760
	計	798.345	767.000	697.960
支出	土地の公租公課	57.061	48.553	73.608
	人力車料	23.000	20.000	18.500
	薬種屋払	12.615	43.982	37.466
	計	92.676	93.535	129.574
	差引	705.669	673.465	568.386

表七－四　窪田次郎の収入

	明治20年	明治21年	明治22年
貸附金利子	円 199.333	円 200.000	円 200.000
土地貸附所得	86.426	85.614	85.614
診察料	333.700	350.000	350.000
薬礼	11.214		
研究会謝金	49.500	50.000	50.000
計	680.173	685.614	685.614

を経て、各年度の課税額を算出したものである。三か年とも診察料が最も多く、ほぼ半数を占め、後は貸付金利息・土地貸付所得・研究会謝金となっている。

上掲二表に見るように薬礼から薬種屋払いを差し引いた額は極めて少ない。表七―四の明治二十年に一一円余の少額を記入しているが、以後はない。窪田は早くから医薬分離を提唱していたが、薬の提供は緊急の、または必要最小限のものに限られたようで、それも「岡山移住後は全く診察に留め薬を売らず」と嗣子定氏が書いている如くである。

一般に明治二十二年（一八八九）の市町村制施行後に、所得税納税者は一村に三〜四戸といわれる時代に、総額六八〇円程度の所得はかなり高額な所得である。明治二十四年（一八九一）に、安那郡の西に接する品治郡二一か村の戸別所得額が一〇〇〇円以上五戸、五〇〇円以上二六戸、三〇〇円以上三四戸の計六五戸であるのと対比しても窪田家の所得の高さは理解されよう。

二　次郎の日常生活

窪田次郎の社会的活動と思想については前章までで見て来たので、ここでは彼の日常生活についてみよう。

次郎は自分の出生と幼年時代に病弱であった事情を次のように述べている。

不幸にして子供三人迄早世仕り、私に至り漸く成長仕り候え共、是亦虚弱多病にて十歳の頃迄寓母の

懐抱（いだかれ）背脊《はいせき》にて（おわれて）養育仕り、

また、次郎の子定氏も、父は生来虚弱であったが終生健康に留意していた様を次のようにいう。

生来蒲柳の質にて、幼時屡大患し、長成の望み少なく、父母を始め其の身体を案じ、本人も亦子供の頃より摂生に留意し、食事度を守り、自制養生、生涯を通じ一回の暴食を見ず、身に暇あれば自ら手を衣内にして身体の指圧術を行い、更に倦む所なく、病気は未然に防ぎて臥床せしことなし。

また定氏は父の趣味につき次のように記している。

次郎の趣味は実に多方面に亘り、其の行く処生彩を伴い、酒と囲碁は中年より絶対に禁止し、其の子女も父が嘗って嗜みし事すら知らざりし程なり、詩歌俳諧の類より彫刻釣魚も楽しみ、、料理調味は堂に入れり、書は少時左利きなりしを、後右手に直したる為、遂に弟に及ばずと述懐せり、書画骨董に至りては青年江戸に往復せし当時より既に蒐集癖を有し、その道中にも荷厄介とせざりし程なり、殊に晩年は其の不遇の寂し気を殆んど是により自慰せり。

ここでは書は生来の左利きを右利きに直したため、弟（堅造）に及ばなかったと記しているが、次郎が『中庸』冒頭の一節である「天命之謂性」云々の書が、福山市にある広島県立歴史博物館に所蔵されているが、堂々とした立派な書である。

次郎はまた諸種の献白・意見書・演説草稿・諸結社規則等の書類を残しているが、草稿以外は丹念な書体で記し、几帳面な性格が窺われる。また別な記録には次郎の「左手右手平等に働き」と記されている。左利きを右利きに直した為と思われるが珍しく、書写等には便利であろう。

次郎の最大の趣味は書画骨董の蒐集鑑賞であったようである。彼が明治二十七年に記した「指圧術予備言」には、日本の国を「美術国」と称しているが、そこでは「瀬戸・今里（伊万里）京都等の陶工」とか、「日本美術の開山、鳥羽僧正」等と共に数十人の画家・書家・歌人等の名前が挙げられている。彼は平素から相当深い研究をしていたのであろう。次郎の遺言に書画骨董について次の二項が述べられている。

一、骨董書画は一括して破損せざる様に為し粟根弐階に蔵置すべし

一、骨董書画は多額の代金を支出せしものにあらざるも、相当の価値を有するものと思惟す、之を売却するは余の好まざる所なるも已むを得ざれば岡山にて新たに購いしものに限り売るも可也、但し岡山粟屋等にては売るべからず、粟根の分は売るべからず

また山成軒一郎による「窪田家家政整理案」でも、「一、書画骨董の内代金三千円余を売却する事」とされ、「会計予算」として岡山市屋敷家屋売却予算二、二〇〇円に対し、書画骨董代の方が三、〇〇〇円であるのをみても、岡山移住後にも相当高価なものが集められていたと思われる。

窪田は趣味としての美術骨董の研究を行う一方で、「貨幣論」の研究も行っていたようで、極めて造詣がふかい。かって窪田の門弟であった高橋圭介（碧山）が、のちに有名な古銭の蒐集愛好家となってお り、その影響があったのかも知れない。ただし窪田の場合は古銭の蒐集愛好でなく、支配者による貨幣制度の操作がもたらす民政への影響如何にあったように思われる。先に上げた「指圧予備言」は全体が九項より成っているが、其の内四項までが「恒産論」の一～四までで、主としてわが国の貨幣制度の変遷を延々と論述している。其の中でいう。

天明の頃より諸国の大小名銀何匁銀何分の札を製し以って不足を補い、古金一両を以って新金三両二分に当たるに至って物価直ちに沸騰し、本邦貸付を以って生計を営む者現に其の恒産三分の二余を失

うて、（中略）其の余毒明治の初年に現れ富人の転倒聞くに堪えず、窪田は既に早く明治十年三月の「山林丈量延期願」の中で次のようにいう。「幕政の末路古金新金の通用一両に付き俄かに二両二分の差異を為し、掛け売り金貸し等の者は尚古金一両の証書帳面等にて新金一両を受け取り既に身代七分の五を失い」、其の後二分判鋳造、藩札の下落、海防問題等による「借入れ金」の献金切替え等で「嘉永年間人民の身代明治元年に至り余資実に憐れむべし、旧政府保護の道を回想すれば皮膚再び粟を生ず」と。

こうした支配階級がその重税の他に、貨幣制度の操作を通しても負債軽減を図ってきたことの「からくり」を、窪田は明治四年の福山藩「報国両替社」の設立を通して感知したのであろう。

このような苦い経験と、それが彼のもつ民権論との係わりで、維新後も貨幣制度が金本位制を取りながら、事実上は金銀両本位制であり、わが国で相対的に低価な金が海外に流失することを心配していた。こうした憂慮は明治三十年（一八九七）に金本位制が確立するまで続いたと思われる。

三　医師としての特性

窪田は自己の職業である医師としての活動に精進していた。既に明治八年の医業における活動範囲を見たが、明治九年には「余医業を以って両備十二三郡を徘徊する」といい、明治十二年には「頃日東西二十里間を奔走す」と述べていることで、所謂村医者の診療範囲を大きく超えていることは明らかである。

彼はまた、医師として必要な先進的方法や彼の工夫創案した方法を患者の治療に応用していた。その一つは聴診・打診法の採用である。平川良坪の子息平川武三郎が、父が語った『平川良坪論』に次のようにいう。

窪田次郎と云う人は何事も人に率先して行うと云う風の人であった。例えば聴・打診の如きも、まだ人のやらぬ間にやっていた。京都の新宮涼庭（その養子涼民か、涼民は赤澤寛輔の同僚）の門に学んだ人で、診断のことをやかましく云うた。

窪田は彼の考案した按診（指圧による診断）・望診（照影望診法）等も取り入れ多様な診断法を組み合わせている。明治十一年愈止社を結成し、前川森蔵を共同治療した際の容体書には、問診・視診・嗅診・按診・測診・振蕩診・聴診・舎密診・鏡診と、項目を分け極めて詳細に状況を記している。彼はまた「仮定望診式により胸面に（図を書く）此の如き照影を得たり」と記している。

その二は、既に見たことであるが、原則として医薬分離の方針をとっている。彼は明治十七年の「小田郡開業医士規約書」で、病家において「甲乙両者の薬を服する」事態を戒め、「苟も治療重複薬剤過量に至る」ことを強く排除すべく、「数医の一患者を配療するも執匙《しっし》者は先医即ち主任医一人たるべし」とし、「苟も患者の請求を奇貨として相互に自己の薬を衒売《げんばい》するが如き汚賤の所業あるべからず」と記している。

また、明治二十七年の「指圧術予備言」では、「会員諸君よ、諸君は薬価を以って生計をなし、余は診察料を以って生計を為す」と言明している。そしてまたいう。

仮令狼狽せる婦女子等投薬を催促逼迫するとも、病性・病元・病因を診決せざる内は決して投薬すべからず、万万止むを得ざるの際は極々微量の薬剤を試むべし、（中略）薬剤の害は本病より重きこと数々諸君と立ち会い診査実験せし所なり、殊に近来皮下注射薬・解熱薬・麻酔薬の如きは乱用暴投の風習ありて其の害云うに忍びざるに導きし、

彼はこうして過剰な薬の投与等が齎す薬害などを恐れると共に、それぞれの専門家による取扱の分離により、医業が「奉天行命の徒」の職業にふさわしいように、自らが実行し、また同輩を教導したのである。

次郎はまた常々、夫婦の正常な性的交渉が両性の健康上重要であり、花柳病予防にも有効であるとして、「官吏・商賈《しょうこ》の日月を隔地に経過」するを廃し、「本邦も夫婦同行の風俗を養成するは此の予防の一端」とのべている。また性教育の必要性を認識し実践している。

嘗て神辺に於いて処女を集め、性学を説いた。事聊か猥褻《わいせつ》らしきも、是人倫の大道なり、人生必須の知識なり、豈忽ちにすべけんやと。即ち処女をして紋付羽織の礼装せしめ、自ら裃を着用して、厳格なる態度を以って講演した。

わが国では、この種の教育は、第二次大戦後に、純潔教育—性教育として実行されたもので、次郎の先見性を示すものである。

四　行動のパターン

窪田の活動領域は、医師の社会的領域である医療・衛生の範囲を越えて、思想・教育・民政・民権問題等にまで拡がっている。そしてそこに彼独自の行動パターンが見られる。それは一口に云えば、目的達成のための人・物・金・知識の結集である。そして更に要約すれば、目的のために人の結集・結社を図ることであり、必要な物・金・知識は人の結集を通して集められる。

いまその行動パターンを、目的別に類型化を試みると次の四つとなる。

（1）学習会の設立―人知の結集をはかるもの
　栗根村博聞会・蛙鳴会・啓蒙所・問鼎社・各地多数の医療結社・衛生結社など

（2）会社・財団の設立―資本・資金の結集を図るもの
　啓蒙社・報国両替社・細謹社・養蚕伝習約束など

（3）議会開設―民意の結集を図るもの
　栗根村代議人会・「下議院結構の議案」・小田県臨時議院など

（4）村民の結集―生活基盤の確保を図るもの
　地租改正のための組織（勧農社中による「栗根村農民費用表」の作成・小前惣代・月番十長の組織・郡会傍聴人等）・乞食の処遇・「家計節倹法盟約」など

なお、（1）の「学習会の設立」で、「各地多数の医療結社・衛生結社など」と記したものは、次に示すように窪田が長期に亘り精魂を傾けて組織したものである。

備後　沼隈郡　渙群社・衛生会
　　　安那郡　循環社・相愛社・夕陽社
　　　深津郡　生成社
　　　芦田・品治郡　集成社
備中　小田郡　共立医会明命社・相愛社・奉天社
　　　浅口郡　新々社・（東部に学而社・新学社、両者はのちに誠之会に改名）
　　　後月郡　流形社・木ノ子村医学研究会・私立衛生会
備前　児島郡　涵養社
　　　岡山区（市）（名称不明）
　　　邑久郡　（名称不明）

広域なもの
　岡山県全域　岡山県私立衛生会
　（小田・窪屋・都宇・後月・浅口・下道）・児島　医学講習社

臨時のもの　小田郡　　愈止社（前川森蔵療養解屍）
　　　　　　安那郡　　和田琴野解屍臨時結社

各郡区に作られた医療・衛生関係の結社は三備一三郡区に亘り、史料上判明するもののみでも二十余の組織を作っている。この他に広域な結社二社、臨時結社二つを数える。

先に窪田の行動パターンを「要約すれば人の結集・結社を組織する」としたが、彼はどのようにして多数の結社を組織し得たのであろうか。その事情を啓蒙社と和田琴野の治療解屍結社を例にみよう。

啓蒙社は当初藩内有力者五四人を周旋方とし、そこを拠点に村々で組織された。当初は一村三〇口で米五石を目標としたが、深津村で一〇三人が八七口を、山手村で六七人が五〇口を出資している。学制頒布後は備中地方にも広まり、六年三月には一八八校となり、一村仮に三〇人が加入すれば六五四〇人、五〇人が加入すれば九四〇〇人が啓蒙所の設立に協力したことになる。

また和田琴野の療養解屍結社の場合は、当初二七名で社員一人一円を納め、費用凡そ七〇円を見積もってスタートする。しかし決算報告書には「入社人員九拾八名」とあり、窪田の「柩を送る序」には「七十余医の診査に供し」とあるので、医師以外の官吏・農商人等二十数名が加わっていたことになる。

これらによってみると、報国両替社という藩の組織に全面的に乗った結社は例外としても、大小二十幾つの結社が直接・間接に会員・社員等とした人数は莫大な数に上ることは明らかである。

それでは窪田が多数の結社を行うに至った精神的契機は何によるものであろうか。窪田は明治四年の「報国両替社旨意」おいて、欧米の文明発達の基礎に「会社」の成立のあることをみ、欧米人が「会社を創しより利益の広大なる」を知ったとか、「会社を以って大資本を集め大功業を成就する工夫」をしているとのべる。また明治五年頃執筆の「政教一致の答」の中で、「而して算の尤も広大確実なる者会社に如くはなし」と述べ、確実な計算（資本計算）の下に、資本を集積することが大きな成果をもたらすことに注目している。

わが国での本格的な会社、特に株式会社の設立は、明治五年の『国立銀行条例』に基ずく、第二国立銀行の成立であるとされる。福沢諭吉の『西洋事情』（初編慶応二年・一八六六刊）に「商人会社」の項目があり、「アクション」（手形・株式）を発行する商社の活動が記されている。窪田は明治三年末頃には会社の組織を知っているようであり、恐らく福沢の書物等によってその知識を得たものと思われる。

資本を集め、大規模な事業を行い得る会社組織の有効性は、資本以外にも人を集める事によって人知の発達、民意の結集、資産の維持等に有効であることを知ったのであろう。諺言に「三人寄れば文殊の知恵」と言われるが、窪田は人数を集めれば、「人数＋アルファー」が付加するのを十分承知し、学習に極めて有効であるとしたのである。しかし、その為には、結社の人々全員が、その目的・精神等を周知しておく必要があり、それを欠けば鵜合の集となる。窪田が規約の前文にしばしば「題辞」を記し、結社の趣旨を明確にしているのはその為である。

それでは、窪田が多数の結社を組織し、その指導を行い、多くの成果を上げ得たのは、どのような事情によるものであろうか。窪田が己を顧み、過去を振り返った時に、しばしば見せる文章がある。

（イ）次郎無学の野人なりと雖も其の志操の卓立実に自負するに余りあるなり、四方の君子も亦此れに感ずる所ある乎、頗る愛顧を辱うせり、此の諸君は徒に次郎を愛するにみに非ず実に医風改良の輔弼と

謂うべし、

（ロ）六君も亦僕の顚狂《てんきょう》を恕し、僕を遇する幾んど盟主の如くせられ、

窪田の結社に集まる人は、「次郎を愛する」とか、「盟主の如く」と記している。M・ウエーバーは彼の社会学で、「カリスマ」なる概念を有効に使用しているが、カリスマとは、其の人のもつ「天與の資質」とか、「非日常的な資質」をさしている。窪田が、多くの人を集め、「次郎を愛する」とか、「盟主の如く」信頼されているのは、彼の中に、「天與」とか、「非日常的」とかは別として、常人とはやや異なった、一歩抜きんでた才能を持っているからであろう。著者が気付く若干の点を上げてみよう。

その一は、知識の広さと深さである。たとえば一般の田舎医とは遙かに優れていたとしても、所詮は旧態医の一人である程度の者が、民政論に詳しく、「深く我が朝の古を考え、博く英仏の今に照らし、新たに賦税の法を製する」と云うような点を考えていたことである。明治三年の時点で政府高官や一部有力学者等を除いて、一般庶民の中で窪田以外にどの程度の人がこのようなことを考えていたであろうか。

彼の蔵書の中に、神田孝平述『田税新法』（明治五年）がある。この書は神田が明治三年に「田租改革建議」と題し政府へ提出したものである。大蔵省官僚や府県の租税課の上層役人には読まれたものかも知れないが、一般人が読むことは少なかったとおもわれる。窪田はこのような書物から得た知識により、明治九年初めに地租改正の問題点を的確に把握し、内示額の不当性と過当性に強く抵抗したのである。

更には、細謹社中において社中として五分引きで入手した書物には、売り子として他人に売り渡した分と、自分購入分との二種類あるが、一部買い入れの医書の中には、窪田個人が買い入れた書物が相当数あり、窪田は其れを深く研究していたと思はれる。それ故に、児島郡に設立した涵養社において、会日に窪

田を招いて「広く内科提綱兼流行大病を講究せんとす」と規定できたのである。因みに『内科提綱』は細謹社を通して窪田が大量部数を取り扱っている。

その二は、組織作りの巧みさ、特に組織の中核になって活動する相応しい同志を糾合し、組織の拡大や運営に当たっている。彼が各種の組織を作り活動した企画・範囲毎にその主要な人物を示せば次のようである。

（イ）居村粟根村

藤井平太（庄屋・戸長）・藤井平治（平太の弟、明治十四年死亡）・井伏民左衛門・水草利市・豊田鶴次郎・藤井又三郎

（ロ）福山藩

佐澤太郎（のち文部省に転出）・横山光一・藤井塵外・杉山新十郎

（ハ）（安那郡）

苅屋実往（川北）・甲斐脩（川南）・菅波序平（神辺）・丹下静一（郎）（北山）・別所俊澤（川南）・滋野玄俊（川南）・杉原靖斉（上加茂）・鼓玄俊（川南）・諏澤熊太郎（区長・下御領）

（ニ）小田・浅口・後月郡

小野亮（小田・笠岡）・三村立庵（同）久山保定（浅口・玉島）・坂田雅夫（丈平の兄・同）・山本習軒（後月・木之子）・江原方策（浅口・庄村）・柚木洋碩（浅口・占見）・蔵田信（小田郡長）

（ホ）小田県域（南部）

坂田丈平（後月・寺戸）・三村立庵（小田・笠岡）・苅屋実往（安那・川北）・北村七郎（小田・富岡）

特に、多数の医療結社を結び、医療・衛生に関係する人々と緊密な関係をもっていたことは、「医風改良の輔弼」と云うような一般的な役割以外に、個別具体的な治療活動などにおいても、その果たす役割が大きかった。例えば、前川森蔵の療養解屍は、小田郡横島村の森舜輔が主任医で、その子息が奉天会において事例を説明したのが発端で愈止社の結成になり、和田琴野解屍の臨時結社は、杉原靖斉・手島太郎が診察していたが、それが夕陽社にもちこまれ、臨時結社になった。

また窪田個人にとっても有効で、明治六年玉島の久山保定の依頼によってバセドウ病患者を見、「余始めて本邦内バセドビ病者の有るを知」るにいたり、更に各地の医師等から多数の患者を紹介されるのである。また、後月郡木之子村山本習軒の「嘱を受け一患者を診」たことから望診術の発明に連なったのである。

その三は、金銭の処理に厳しく、会計担当者を決め会計報告を行わせている。和田琴野解屍の臨時結社に於いても、費用七〇円を見積もってスタートし、結局九八円の会費を得、七八円を支出し、残金二〇円を琴野の父へ給与している。この治療解屍は夕陽社員が中心となって活動したので、残金を夕陽社の会計に入れるというような丼勘定はとらない。会費拠出者は医者以外の有志者もあるので、臨時結社として会計を清算している。

もともと窪田は、富裕な者（名望家）が社会公共の事業のために応分の醵金等を行い、もって社会全体の文明向上を図るべきと云う思想をもっていた。その大規模な最初の例が啓蒙社の創設であった。第二章でみたように、その規定に資金を拠出し啓蒙社設立に功労のあった者を顕彰したため、富者と細民子弟との間に確執を生み弊害が生じたのである。窪田は、こうした事態からの反省からか、以後においては、二つの方法を取っている。

一つは、ほぼ等質な者同士による会費制をとっている。例えば細謹社・養蚕伝習約束・蛙鳴群・更には多くの医会等である。いま一つは、例えば共立衛生会等のように広く社会から醵金を募る方法である。この場合は、「社員は各応分の資金を出す」とか、「部内人民会資金を出すべし」とか、或いは随時寄付金を受け付ける等としている。しかし会員の権限は、醵金や寄付金の多寡による差別は一切ない。総会出席者は改めて会員全体の選挙によっている。こうした方法が零細拠出者も会員に加える効果を持ったものとおもわれる。

この点明治二十二年から施行される『市制・町村制』が、プロシャの地方自治の方法を学び、市制では三級、町村制では二級の等級選挙制をとり、例えば町村制では総納税額の半分を納める富裕な上位数名が、総議員の半数を選出し、総納税額のあと半分を納める多数の民衆が残り議員の半数を選ぶという、税額の多寡によって一票に格差を設け、納税額の大―投票権の大―大いなる名誉の付与を行ったのと大きく異なっている。

以上の点は、窪田の清廉潔白な人柄や、自然権思想の正しい理解に基づき富の多寡等で人の権利が左右されるものでは無いという観念によっており、それが人々を広く引きつけたと思われる。

その四は、文章の巧みさと論理の透徹性である。窪田の文章の巧みさ、理論的に明確である点は、彼の遺した多数の建白書・論考・結社規則等を見れば明らかである。その故に彼が提出した建白書や要望書が、しばしば福山藩や小田県の布告文となっていることに因っても明らかである。また彼の文章は時にユーモアを持っており人々の心を和ませる。例えば「蛙鳴群約束並題辞」の第十条に次のように記す。

会日弁当持参すべし、若し持参せざる者は席に就くの前周旋課に請い先ず一飯三銭の定価を出し置き香の物冷飯の茶漬を食すべし、若し麁飯を厭はば自ら膏粱《こうりよう》（うまい食物）を携うべし、決して他の仕出し料理を命じて雑乱を生ずべからず、且つ弁当持参の者仮令珍肴山の如く携うとも決して他人に分与すべからず、又仮令淡味麁食を携うとも決して他人に恥ずべからず、口に人民の貧苦を説く者膏粱を食すに忍びず、腹に富国の策を醸す者菜根に堪えざること能はず、各自其の適宜を以って適宜たるべき事　但し群外飛び入りの蛙も同断

題辞の高尚な趣旨、会の運営方法等を述べたあとに、右の一文を見て思わず微笑みたくなるのは著者のみではあるまい。

窪田は美しい文章、論理の透徹した文章を新聞や印刷物の利用による大量発信を行っていたのである。

五　人間論の特徴

窪田次郎の人間論とでも言うべき独自の思想は、（一）明治三年三月に執筆された「郡令に奉る書」、（二）明治五年頃執筆された「政教一致の答」、（三）明治八年一月蛙鳴群第一回会合で演説した「生素説」、（四）明治九年十二月「奉天匡救の諸君に質す」と題し、彼が中心となり組織している諸結社の同志に印刷配賦されたと思はれる「文明の三大件」とか「天命の三大件」と言はれる論議の、四つの段階を経てほぼ完成したように思われる。

それでは、(一)(二)(三)の段階の諸説は、どのような構成において、最終的な(四)の段階にいたる「文明の三大件」説に組み入れられているのであろうか。先ずその点についてみよう。

第一の「郡令に奉る書」の中心点は、「農に賦するに薄くするにしくはなし」と云う点である。農民は当時の人口の八割以上を占めており、その租税の少なさが農民の資産を増し(民富の形成)、もって衣食住の改善となり、更に衛生や「衣食足って礼節を知る」と云われるように品行の向上に連なるのである。

第二の「政教一致の答」では、人間の慾を考察し、天より授かった人の性は慾であり、慾より良知良能が発達するという。そして我の慾と他人の慾とを互いに正しく調整し、彼我の慾の両端を執って其の中を用いることを道とする。また慾には欲(ほしい)と惜(おしむ)との二情があるが、それらの作用として起こる知足・倹約は怠惰・安逸に流れ、衣食住を麁悪にする。逆に忍耐・勤勉をとれば、生命を保つ要機となるという。

これによってみれば「政教一致の説」でみる知足・安分は、「天命の三大件」説で説く衛生・資産・品行にたいして阻害要因となり、逆に忍耐・勤勉は衛生・資産・品行の維持・発達の要因となるものとして組み込まれている。

第三段階の「生素説」は、地球上のあらゆる生物の発生を生素の親和に求める生命論である。そして人間の魂・霊＝良知良能と呼ばれるものは、人体の組織＝「其の器械結構の」故に「万物の霊」として成立し、「草木人獣の枯死」によって、「生素も亦親和妙合を維持するに由なく、(中略)体中を離れ、漸々空中に散在」するのであると。

それでは、この生素説によって説明される魂＝知能等と呼ばれるものは、「文明の三大件」にどのように関連するのか。窪田はいう。

人天より此の万物無比の霊魂を受くると雖も身体変常すれば霊魂其の妙用を全うする能はず、例えば脳に変ありて痴獃顚狂《ちがいてんきょう》（おろかなきちがい）となるが如し、故に衛生は天命の第一義なり。

ここでは、（イ）霊魂も亦人の衛生状態によって作用を受ける点を述べている。そして、（ロ）逆に魂＝知能が衛生のみならず三大件を維持・統制・発達させるという積極面については当然のこととして述べていない。三大件においては、（ロ）が三大件の指揮者的位置に在り、（イ）は三大件の正常・不正常に伴う作用とみるべきである。

ここで付け加えておかなければならない点は、窪田は機械的に事物を処理する機械論者ではない。彼はいう。「天地間は実に舎密の無尽蔵なり、而して其の化生の本源は如何と問はば天に非ず地に非ず」とし、また「化生の本源自然に出」としている。ここでは儒教の説く「天命」という抽象的な観念は否定され「自然」が措定される。しかし彼は日常に於いては天または天命の概念を使用し、また医者の使命を「奉天」（報天）とか、「奉天行命」としている。

彼は肉体死滅後における霊魂の存在を医者という科学的分野に携わる人間として否定しておりながら、二十一歳で解屍を乞うに至った和田琴野の「柩を送る序」において、大要次のようにいう。

君は七十余人の医者に診査させ、十数人の学士に解剖考証させた。その功績は大である。もし少名彦神（日本の神、医学・禁厭などの法を定めた）・神農（中国、百草を嘗めて医薬を作った）・ヒポクラテス（ギリシャ、当時の医術を集大成した）の霊が天上にあるとすれば、君の霊は浄土欣求・上品（浄土の最上位）に向かうであろう。「行て西方安楽国に到れ」と。

人間は永い歴史の中で、死後も霊魂が存在すれば良いと願望し、存在するであろうと肯定し、さらに存在すると信じてきたのである。琴野の柩はそうした人々に担がれ運ばれている。窪田は「もし」と云う仮定を入れて、そうした人々の観念を科学という名の土足で踏みにじるようなことはしない人なのである。

六　明治の国家観

窪田は終生日本人と日本の国土を愛し、その優れた点を高く評価していた。そして晩年には日本を「美術国」と呼んでいる。また彼においては天皇観もほぼ変化していない。彼はいう。

天吾神聖明治天皇に命じ降誕して此土に君臨せしめ、実に戊辰の年を以って天に承《ささ》ぎ極を立て天地神明に誓い旧に泥まず古に倣はず此の法を明らかにし此の教えを審らかにし以って此の民を導き玉へり謹みて明治元年承極以来我が国光を拝観するに、上神聖天皇より下府県官・郡村吏に至る迄其の思想其の言論只此の民を文明に期するの一点に止まり玉えり、其の所謂文明は即ち此の民則の文にして、明其の能く天理人道を尽くすの徳を云う

ここでは窪田の認識している明治政府の理念が述べられている。そして前半の「天吾神聖明治天皇に命じ降誕して此の土に君臨せしめ」云々は、窪田の明治人として終生維持した天皇観で、彼の根本思想であり一君万民主義とでも言うべき国家観である。

彼は時に「皇統の不易は徳にありて誓いに非ず」等という。その意味は恐らく、五か条の誓文を天地神

祇に誓うのが、皇統不易の根拠ではなく、誓文を実行する事こそ徳であり、それが皇統不易の証であるとの意であろう。

彼はまた、衛生・資産・品行の三大件を上げ、其れを妨害する者を「蛮君蛮師」といい、其れを実現させる者を「真君師」とし、その実現した状態を「政教一致承極開化の善政と云う」。

しかし現実には、「此の天民の膏血を消費する者にして、若し此の三大件を妨害し、鼎足を折って公餗《こうそく》（国家が鼎に盛ったもの）を覆す」等のものがあるかも知れないという。窪田は「俗吏」の存在とか、「中間の雲霧」とか等によって「上下隔絶の形成」を心配しつつも結局は、「真政治の略定は明治二十年にして租税の真改正は明治二十五年にあらんとす」という。そして明治十四年の国会開設の詔勅が出されると、「明治二十三年は遠に非るなり」として、前途を楽観していた。それは維新以降の歴史の中に日本人民の開化が見られ、国会開設に対応出来ると国民の成長を信じていたからであろう。

しかし第一議会が開かれると、政府内閣は「仮面政党の奴隷」となった吏党の協力のもとに野党の切り崩しを図り、政府提出の予算案を可決し、翌年の議会で予算案に反対されると議会を解散して大選挙干渉を行う状態であった。

そこには期待した真政治も租税の真改正もなかった。

窪田は国会開設以降の政治をみるにつけ、この国家は転轍器（ポイント）の切り替えを誤っており、三大件の成長・充実に向かうような路線から乖離していると感じたのであろう。政治に携わる官吏は衛生・資産・品行の「三足確然鼎立」する路線から乖離するコースを進みながら、その誤りに気付かず、教育に携わる教員も亦その乖離に気付かず、乖離路線の宣伝に走っていると。

窪田は「政教（政治と教育）一致」が間違った路線の上を進んでおり、それは人々を不幸に導くものであると感じ、せめて我が嗣息だけでも、それに係わることを避けさせようと考えたのであろう。

死期を迎えた窪田次郎は枕元へ子息定氏を呼び遺言をする。その一条に「人の勧誘あるも名ある役人等又は教員等に為るべからず」と。

窪田のように、近代日本のスタート期において、その路線の間違いを指摘し、終生その思想を変えなかった人が何人いたであろうか。

七　窪田次郎とは

私たちは昭和五十六年（一九八一）に、窪田次郎が遺した史料を筆写し、史料集と史料解題を兼ねた四つの論文と共に『明治期地方啓蒙思想家の研究—窪田次郎の思想と行動—』と題する書物を出版した。書名が示すように窪田次郎を「地方啓蒙思想家」として紹介したものである。彼が医業を開始する文久二年（一八六二）から死の明治三十五年（一九〇二）までの四十年に亘る医業と共に、各種の社会的活動を総称するとき、彼を「地方啓蒙思想家」と呼ぶのは相応しく、現在もそれは正しいと思っている。

しかし私はその書の「あとがき」で、論文に紙数の制限のあったことを承知の上で次のように書いた。

また、研究編に載せた四章からなる論文は史料解題をも兼ねた各論編ともいうべきもので、時代と環境の内に窪田次郎の全生涯を位置づけた彼の人間史とでもいうべき総合的な研究にまでは程遠いものである。また明治前期における我が国啓蒙思想全体の中に窪田次郎を位置づける等の考察は殆んどなされていない。これらも他日を期したい。

私達の四つの論文、及びこれに頼祺一の別稿「明治初年における民衆的国家構想―窪田次郎の思想活動を中心として―」《史学研究　第一四三号》を加えて、窪田の社会的諸活動を業績別に主要な論点として述べたもので、一応の成果を上げていると思う。しかし彼の公私にわたる全生涯を時代的に区分し、その中に窪田の生活の諸相と社会的諸活動を位置づけるまでには至っていないのである。

また彼が遺した史料には、彼の社会的諸活動と共に、その豊かな人間性が随所に垣間見られる。時代と社会の変化の中で、彼の豊かな人間性がどのように現れているのか。彼はまた、毎日多忙で社会的諸活動に励み、それがむしろ日常化しているかにみえる。そうした中で、個人としてどのように生活していたのか等々、私にはそうした細かい人間史とも云うべき状況のなかに、もう一度彼の業績を移入し再考してみたいと思ってきた。しかし永い間、その時々の興味に任せて動いてきた。いまやっと窪田次郎に還ることができた。

先に掲げた課題に、極めて不十分ながら結論だけを簡単に述べる。まず明治初年の啓蒙思想全体に位置付ける点である。

一点は明六社に代表される啓蒙思想家の活動は、自由民権運動の台頭と共に衰退し極めて短期間であったこと。二つは憲法体制等による明治の国家体制の整備の中に、彼らは国家主義的色彩を濃くし思想的にブレをみせる。三つは啓蒙思想の対象である民衆に欧米の思想や社会事情を紹介するのみで、民衆の内部に入った社会的改良等の実践は殆んど見られない点である。この点、窪田の啓蒙的活動は長期に亘り、彼自身思想的ブレが極めて少なく、思想的ブレを極度に嫌っていた。そして絶えず民衆の中に入って社会の近代化（文明化）のために実践する人であった等、大きな差異であった。

ここで窪田の人間史的解明に重要な人間性・人間像について二つの特徴を上げておきたい。

一つは、本章五節でみた四つの執筆文を経て形成された人間論を、彼は日常生活と社会的諸活動とを統合・推進する人生観にまで具体化し、死に至るまでその実践を続けた点である。それでは、人間論の人生観への具体化とはどのようなことを云うのか。彼は職業の哲学とでの云うべきものに従い、それに生涯を捧げた。云うまでもなく彼の職業とは生業である医業である。しかし彼の職業の哲学は、彼の生業である医業・衛生の範囲に限らなかった。それはそれ自身の一大件のみでは充足・安定しないからである。衛生という一大件は資産・品行の他の二大件と相俟って十分な成立・確立が可能であるからである。

窪田の目指すものは、現代的な表現を借りれば、民衆の一人一人が「健康で文化的な生活を営む」ことである。彼はそのために必要な条件である衛生・資産・品行の三大件の形成・確立に生涯を捧げたのである。本章四節の「行動のパターン」に示した四つの活動分野におけるそれぞれの結社は、いずれも上記の三大件の一つまたは複数の事項に該当するものである。

彼の広範な社会的諸活動は思いつきでも、気まぐれでもなく、彼の人間論の成長とともに充実していったのであり、彼自身それらに終生関心を持ち続けたのである。

そして先に見た彼の生涯における「思想的ブレ」の少なさは、そうした点より来ているように思われる。亦人間論―人生観の実践を通して責任感、知位・名誉・金銭等への清潔性、弱者への愛情、道徳・品行、自律的な健康管理等の優れた点などがその特徴となったのである。

二つは、彼は地方に居住して居りながら、日本で極めて早い時点で「近代人」となることの出来た人物であった。それでは「近代人」とは何をもって云うか。それは呪術を含む古い権威・身分的支配・伝統的思考および行動様式等から脱却した自主的・合理的人間をさす。

彼の社会的諸活動および業績と、その優れた人間性とを総合するとき、窪田次郎とは何者か。窪田の目指すものは、民衆の一人一人が「健康で文化的な生活を営む」社会の実現である。彼はそのための必要条件である衛生・資産・品行の三大件の社会的形成・確立に生涯を捧げたのである。窪田は「三大件」等の独自な人間論―職業としての医業・衛生活動―他の政治・経済・文化活動等を、太い一本の軸で回転させつつ、生涯を通して三備の各地を巡回し、多数の結社同人を指導し、病人の治療に当たった偉人である。

一般に明治期には各地に老農や社会改良家等が多数輩出し、金銭や名誉に関係なく活動しているが、私はこれらの人を事業や思想的立場を越えて「美しい明治人」と呼びたい。地方民衆の教育・文化・医療・生活レベルの向上等に生涯を捧げた窪田次郎とは、そのような人物の最たる者ではなかろうか。

窪田は晩年、我が国を「美術国」と称しているが、彼の生涯はその人間史の美しさにおいて、「美術人」であるように思われる。

参考文献

一　窪田家文書　広島県立歴史博物館所蔵
本書では以下の二・三の文献に未掲載の若干の文書を著者が筆写し利用した。

二　有元正雄・頼祺一・甲斐英男・青野春水『明治期地方啓蒙思想家の研究─窪田次郎の思想と行動─』（溪水社・昭和五六年）
本書は研究編として以下の四つの論文と史料編として一六一点の関係資料を掲載している。

論文（1）青野　春水　啓蒙思想形成の歴史的前提
（2）甲斐　英男　政治思想
（3）有元　正雄　民政思想
（4）頼　祺一　教育・医療衛生活動と思想

三　『医師・窪田次郎の自由民権運動』広島県立歴史博物館（平成九年）
本書は掲載した史料の解説・解題と巻末に下記二つの論文を載せている。
（1）頼　祺一　窪田次郎について
（2）浜田　宣　窪田次郎の教育・医療衛生活動─窪田次郎の人づくりネットワーク

四　論文等
（1）杉山新十郎「啓蒙社及啓蒙所設立の由来」『福山学生会雑誌』第五八号（大正十二年十月）本論文は

（2）窪田　定　『備後史壇』第十四巻六・七合に再掲（昭和十三年六・七月）
（3）真田　鶴松　「窪田次郎履歴一班」『備後史壇』第十三巻六号（昭和十二年六月）
（4）濱本　鶴賓　「窪田次郎氏の功績に就いて」　同第十三巻七号（同年七月）
（5）平川武三郎　「窪田次郎と啓蒙所」同第十三巻七号（同）
（6）真田　鶴松　「窪田次郎氏の事」同第十三巻八号（同年八月）
（7）甲斐　英男　「啓蒙所大意と福山藩知事告示」同第十三巻十二号（同年十二月）
（8）甲斐　英男　「地方民会の成立とその発展―小田県の事例をとして―」『広島女子大学文学部紀要』第六号
（9）頼　祺一　「地方民会をめぐる階級的対抗関係―小田県臨時民選議院を中心に―」『日本史研究』第一五六号
（10）内藤　正中　「明治初年における民衆的国家思想―窪田次郎の思想活動を中心として―」『史学研究』第一四五号
（11）久木　幸男・山田　大平　「『下流の民権説』の成長―明治七年備中小田県臨時議院設立建白をめぐって―」『瀬戸内海研究』第七号
（12）仁科　晃　「郷学福山啓蒙所の一考察」『横浜国立大学教育紀要』第二十九集
（13）岩崎　博・園尾　裕　「江戸末期から明治に生きた地方の先駆者窪田次郎」『高梁川』三十五号
（14）岩崎　博・園尾　裕　「明治の医人　窪田次郎　福山医学散歩」『広島県医協だより』第三一五号
「明治の開業医　窪田次郎」『備後春秋』第六四号

(15)園尾　裕　「まぼろしの窪田次郎頌徳碑」『文化財ふくやま』第三三号
(16)園尾　裕　「堀無彊と江木鰐水」『文化財ふくやま』第三〇号
(17)井伏　章典　「黎明期の先駆者　窪田次郎」福山北ライオンズクラブ刊
(18)「国会一〇〇年、幻の民衆議会」『歴史誕生』NHK　一二
(19)大塚　宰平　「興譲館の歴史」井原後月教育センター『研究紀要』一
(20)山下　五樹　「阪谷朗盧の人脈」同
(21)有元　正雄　「窪田次郎の教育活動」同
(22)南　智　「井原後月学校教育の夜明け」同

五　地方史誌

（1）窪田定著『加茂村』
（2）『福山市史』中巻・下巻
（3）『広島県史』近代一・近現代資料編
（4）『岡山県史』近代一

六　その他　以下は太田健一氏のご教示による。

（1）倉敷市藤戸　日笠家文書
（2）倉敷市串田　山本家文書

注記　本書は専門家に加え、日本史に興味をもつ読者をも広く対象として執筆した。それ故煩雑な史料の出典等は省略し、主要な参考文献を一括して右に示した。なお、窪田次郎の遺した史料は、漢文または片仮名交じりの文章であるが、本書では原則として漢文は読み下し文に、片仮名交じり文は平仮名文（現代国語仮名遣い）に改めて記載した。

あとがき

窪田次郎については、大正末年より『福山学生会雑誌』『備後史談』などに論考が載せられ、福山地方においては若干の関心と知識が持たれていたようである。

第二次大戦後、内藤正中氏が倉敷市酒津梶谷家文書より、また有元が『福山市史』中巻のための史料調査において、福山市神辺町諏澤家文書や同市新市町門田家文書から、明治初期の注目すべき文書を発見し、それぞれ紹介したが、内藤氏も有元もそれらが窪田次郎の執筆したものであるとは知らなかった。

昭和四十三年七月、広島県史編纂のため有元を班長とする史料調査において、現福山市加茂町粟根の窪田家に案内され、窪田次郎の自筆文書を見る機会が与えられた。これに依り、従来部分的に知られていた多くの文献が窪田次郎の起草になり、さらに彼の指導に依って実践に移されたものであることを知って深く感銘したのである。そして、それらの研究成果は、私達の執筆した幾つかの論文や『福山市史』下巻・『広島県史』近現代編1等に発表してきた。

しかし、私達は窪田家所蔵の全史料を調査し、窪田次郎の思想と行動を総合的に研究したいという願望が強く、有元を代表者として文部省科学研究費補助金の交付を受け、四の章からなる研究編と史料編を載せて出版した（有元正雄・頼祺一・甲斐英男・青野春水『明治期地方啓蒙思想家の研究―窪田次郎の思想と行動―』昭和五十四年　溪水社刊）。しかし、四の論文は紙数の制限と史料解題を兼ねたものであり、「時代と環境の内に窪田次郎の全生涯を位地づけた彼の人間史とでもいうべき」ものにはほど遠いものであった。

私はこうした点から、他日、窪田次郎の日常生活と広範な社会的実践との関係、彼の人間論とも云うべき独自な思想と広範な活動との係わり等について総合的に検討したいと思っていた。しかし、公私に亘る仕事に時間を取られ、永く実行することが出来なかった。そしていま、前書から三〇年余りを経て、不十分ながら当初の目的を果たすことが出来た。

本書の執筆は三年ほど前に始まったが、中途で妻が病気・入院することになった。当初、私は午前中家事・原稿執筆をして、午後から病院に行くのが常であった。妻は比較的苦痛の少ない時は、「次郎先生は進んでいますか」と尋ねてくれた。しかし三か月余りの闘病ののち遂に不帰の人となった。生活条件の変化の故か、原稿完成間際になって、一年間ほど放棄しており、最近やっと完成させることが出来た。五三年間連れ添ってき、私の研究と教育活動の為には最大限の自由を与えてくれた妻の霊前に、この小著を捧げたい。「次郎先生がこんな形で出来上がった」と。

最後に本書の出版も、窪田次郎の前書と同様に、溪水社を煩わしたことに、お礼を申しあげる。

平成二十五年五月

有元正雄

人名索引

事 項 索 引

著者　有 元 正 雄（ありもと　まさお）

1930年　岡山県に生まれる
1953年　広島文理科大学史学科卒業
現　在　広島大学・広島経済大学　各名誉教授　文学博士

主要著書

『地租改正と農民闘争』（新生社　1968年）
『明治期地方啓蒙思想家の研究』（共著、渓水社　1981年）
『真宗の宗教社会史』（吉川弘文館　1995年）
『近世日本の宗教社会史』（吉川弘文館　2002年）
『近世被差別民史の東と西』（清文堂　2008年）

窪田次郎　美しき明治人

2013年7月1日　発　行
著　者　有　元　正　雄
発行所　㈱渓水社
広島市中区小町1－4（〒730-0041）
電　話（082）246-7909
ＦＡＸ（082）246-7876
E-mail: info@keisui.co.jp

ISBN978-4-86327-220-0 C1023